はじめに

　世界には190か国以上の国があります。もし、これらの国が、それぞれ自分の国の利益だけを考えて勝手な行動をしたら、国際社会はどうなってしまうでしょうか。たとえばA国が、B国が持っている豊富な石油資源を自分のものにしたいからといって、武力にものを言わせてB国を占領するようなことが許されれば、世界は戦争だらけになってしまいます。また、地球温暖化問題のように、一つの国の努力だけでは解決できず、国際社会全体で協力しあうことが求められる問題もあります。

　そこで国際社会では、みんなが安心して暮らせる世界をめざして、さまざまな組織やルールがつくられています。

　世界で起きている多様な問題を解決したり、国同士の要求や意見の対立を調整したりすることを目的に、世界の国々が参加している組織を「国際機構（国際機関／国際組織）」と呼びます。国際機構の中でもっとも代表的なものは、世界の平和と安全の維持、人権の保護などに取り組んでいる国連（国際連合）です。そのほかにも、世界中の人びとの健康問題に取り組むWHO（世界保健機関）や、国際貿易のルールを定め、貿易問題の解決を図るWTO（世界貿易機関）など、さまざまな分野で活動する国際機構があります。

　またみなさんは、「条約」という言葉を聞いたことがあるでしょうか。条約とは、国と国との約束事です。条約は、あるテーマについて協力関係を築いたり、国際的な問題を解決したりするための共通のルールを定め、そのルールを守ることに合意した国々のあいだで結ばれます。たとえば、各国が協力して地球温暖化問題の解決に取り組んでいくことを定めた気候変動枠組条約や、子どもの権利を守ることを目的とした子どもの権利条約などの条約があります。

　条約を結んだ国には、「条約の内容を必ず守らなくてはいけない」という義務が発生します。もし条約の内容と国内の法律の内容が矛盾する場合には、矛盾を解消するために、法律の内容を変更したり、新しく法律をつくったりしなければいけません。

　このように、条約は各国の法律に影響をあたえ、国々のあいだの約束事を守らせる

力を持っています。条約もまた、国際社会をうまく運営していくためのしくみの一つと言えます。

　この本では、こうした国際機構や条約についてくわしく解説しています。日々の新聞記事やテレビのニュース番組では、多くの国際機構や条約が登場します。国際機構や条約について知っておくことは、ニュースの内容をより正確に理解することにつながるのです。また、世界で起きている問題について自分なりの考えを深め、意見を持つための土台となることでしょう。

　具体的には本書では、まず第1章で国際社会について考えるうえで必要となる基本的な知識を解説します。次に第2章では、国連や欧州連合（EU）といった国同士の集まる国際機構について紹介します。さらに第3章では平和や安全を守るための、第4章では地球環境を守るための、第5章では私たちの人権を守るための、第6章では経済や貿易をルールをつくって動かしていくための国際機構や条約について、それぞれ紹介します。そして最後の第7章は、国際社会をつくっていくうえでは、NGO（非政府組織）や企業などの民間の人の活動も、重要な役割を担っていることを解説します。

　国際機構や条約の特徴として、ある国がその国際機構に加盟するかどうかや、その条約を結ぶかどうかについては、その国自身が自分の判断で決められることが挙げられます。その国際機構や条約に参加していない国は、国際機構で決められたことや条約の内容を守る必要はありません。これはそれぞれの国の主権（自分の国の政治や社会をどうするかを自国で決められる権利のこと）が尊重されているためです。

　こうした点も意識しながら、本書を読み進めていただくと、「国際社会とは何か」についての理解がより深まると思います。本書がみなさんの国際社会への興味や関心を深める手助けになれば幸いです。

条約・枠組み・国際ルールがわかる！
国際社会のしくみ事典

もくじ

はじめに ……………………………………………… 2
さくいん ……………………………………………… 6

第1章 国と国との関係

各国が協調するために国際的な組織ができた ……… 8
条約は国と国との約束を文書のかたちにしたもの … 10
国として認められるには領域・国民・主権が必要 … 12
国は主権を持っているが何でも許されるわけではない … 14
国同士のもめごとはどうやって裁くのか？ ………… 16

国際社会のはてな ?
宇宙はだれのもの ……………………………………… 18

第2章 国連と地域統合

国際連合設立の経緯とその目的とは何だろうか？ … 20
国連の主要な機関にはどんな役割があるのだろう？ … 22
国連と協力しているさまざまな機関がある ………… 24
安全保障理事会のしくみと解決するべき問題点 …… 26
ヨーロッパの国々が協力しEUを誕生させた ……… 28
裁判所や議会など独自の統治機関を持つEU ……… 30
東南アジアの安定と経済発展をめざすASEAN …… 32
世界にはどのような地域機構があるの？ …………… 34
G7やG20のサミットでは何が話されているの？ … 36

国際社会のはてな ?
グローバルサウスって何 ……………………………… 38

第3章 戦争や兵器のルール

戦争で禁止されていることとは何か？ ……………… 40
残酷で非人道的な兵器の使用を禁止する条約 ……… 42
核兵器を減らす取り組みがあまり進まないのはなぜか？ … 44
核をつくること、使うことを禁止している地域がある … 46
国連が主導しておこなわれるPKO活動の役割とは？ … 48
戦争に関する罪を犯した人を裁くしくみ …………… 50
2国以上の国によって結ばれる国を守るための軍事同盟 … 52
日本とアメリカが結んでいる同盟はどのようなものか？ … 54

国際社会のはてな ?
日本豪印によるQuadとは ……………………………… 56

第4章 環境問題とSDGs

- 環境問題に取り組む国際社会の歩み ……… 58
- SDGsがめざしている社会とはどんなもの!? ……… 60
- 地球温暖化の進行をどうやって止める!? ……… 62
- 有害物質で自然環境が汚されないために ……… 64
- 野生生物が生息できる環境を守る! ……… 66
- 国際社会のはてな❓
- 南極と北極はだれのもの ……… 68

第5章 人権と共生社会

- 人権の保護・促進に力を注いできた国連 ……… 70
- 難民や国内避難民を保護・支援するためには? ……… 72
- 人種や性別、障害で差別されない社会に ……… 74
- 子どもの命や安全を守り権利を保障する条約 ……… 76
- 働く人たちの労働環境を改善する機関 ……… 78
- 世界中の人たちの命と健康を守るために ……… 80
- 人びとの心と体の尊厳を守り、拷問を許さない ……… 82
- 国際社会のはてな❓
- 移民をめぐる問題って何 ……… 84

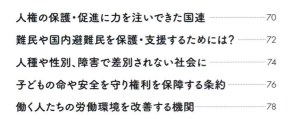

第6章 経済や貿易のルール

- 国同士の自由な貿易が大切な理由とは!? ……… 86
- WTOがめざす世界と直面している課題 ……… 88
- 日本も各国と結んでいるFTAやEPAって何? ……… 90
- 世界各国がさまざまな経済協定を結んでいる ……… 92
- 国際的な経済協力には多様なかたちがある ……… 94
- 途上国に対して国際社会はどんなサポートをしている? ……… 96
- 途上国の経済発展をめざし世界銀行が支援している ……… 98
- 国際社会のはてな❓
- 中国「一帯一路」の目的とは ……… 100

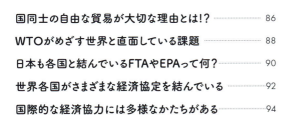

第7章 NGO・企業・仮想空間

- 非政府組織であるNGOが世界で活躍! ……… 102
- 企業の社会的責任が高まってきている理由とは? ……… 106
- 国の枠をこえた仮想通貨やバーチャル空間が登場! ……… 108

おわりに ……… 110

- 本書の情報は2024年11月現在のものとなります。
- 条約や機構の発行・加盟年や締約国数などは、おもに公式ホームページ及び外務省のホームページを参照しました。
- データ内の締約国数には地域が含まれている場合があります。

さくいん

〔あ〕

アジア太平洋経済協力（APEC） 95
アフリカ大陸自由貿易協定（AfCFTA） 93
アフリカ非核兵器地帯条約
（ペリンダバ条約） 47
アフリカ連合（AU） 35
アムネスティ・インターナショナル 103
アメリカ・メキシコ・カナダ協定（USMCA） 93
アラブ連盟 35
イスラーム協力機構（OIC） 35
ウィーン条約 64
ウォーターエイド 104
欧州委員会 31
欧州議会 31
欧州司法裁判所 31
欧州対外行動庁 31
欧州中央銀行 31
欧州連合（EU） 29
欧州理事会（EU首脳会議） 31
欧州連合理事会（EU理事会） 31

〔か〕

開発援助委員会（DAC） 97
化学兵器禁止条約 43
核兵器禁止条約 47
核兵器廃絶国際キャンペーン（ICAN） 105
核兵器不拡散条約（NPT） 45
関税と貿易に関する一般協定（GATT） 87
環太平洋パートナーシップに関する
包括的及び先進的な協定（CPTPP） 91
気候行動ネットワーク（CAN） 104
気候変動に関する政府間パネル（IPCC） 63
北大西洋条約機構（NATO） 53
京都議定書 63
クラスター爆弾禁止条約 43
ケア・インターナショナル 105
経済協力開発機構（OECD） 95
拷問等禁止条約 82
国際開発協会（IDA） 99
国際海洋法裁判所（ITLOS） 17
国際協力機構（JICA） 97
国際金融公社（IFC） 99
国際刑事裁判所（ICC） 51
国際原子力機関（IAEA） 45
国際自然保護連合（IUCN） 67
国際司法裁判所（ICJ） 17
国際人権規約 71
国際通貨基金（IMF） 87
国際復興開発銀行（IBRD） 99
国際民間航空条約（シカゴ条約） 13
国際連合（国連） 21
国際連合憲章（国連憲章） 21
国際労働機関（ILO） 79
（国連）安全保障理事会（安保理） 23

（国連）経済社会理事会 23
（国連）事務局 23
（国連）信託統治理事会 23
（国連）総会 23
国連開発計画（UNDP） 97
国連海洋法条約 13
国連環境計画（UNEP） 59
国連気候変動枠組条約締約国会議
（COP） 63
国連教育科学文化機関（UNESCO） 83
国連砂漠化対処条約（UNCCD） 65
国連児童基金（UNICEF） 77
国連食糧農業機関（FAO） 81
国連人口基金（UNFPA） 81
国連人権高等弁務官事務所（OHCHR） 71
国連人権理事会（UNHRC） 71
国連世界食糧計画（WFP） 81
国連難民高等弁務官事務所（UNHCR） 73
国連平和維持活動（PKO） 49
国連平和構築委員会（PBC） 49
国連貿易開発会議（UNCTAD） 97
国境なき医師団（MSF） 103
子どもの権利条約 77

〔さ〕

ジェノサイド条約
（集団殺害罪の防止及び処罰に関する条約） 51
上海協力機構（SCO） 35
集団安全保障条約機構（CSTO） 53
ジュネーヴ諸条約 41
ジュネーヴ諸条約追加議定書 41
障害者権利条約 75
常設仲裁裁判所（PCA） 17
女子差別撤廃条約（CEDAW） 75
地雷禁止国際キャンペーン（ICBL） 105
新戦略兵器削減条約（新START） 45
人権差別撤廃条約 75
生物多様性条約 67
生物兵器禁止条約 43
セーブ・ザ・チルドレン 104
世界遺産条約 83
世界経済フォーラム（WEF） 95
世界自然保護基金（WWF） 103
世界貿易機関（WTO） 89
世界保健機関（WHO） 81
石油輸出国機構（OPEC） 95

〔た〕

対人地雷全面禁止条約 43
太平洋安全保障条約（ANZUS） 53
地域的な包括的経済連携（RCEP）協定 91
中央アジア非核兵器地帯条約
（セメイ条約） 47
中距離核戦力（INF）全廃条約 45

中朝友好協力相互援助条約 53
長距離越境大気汚染条約 65
東南アジア諸国連合（ASEAN） 33
東南アジア非核兵器地帯条約
（バンコク条約） 47

〔な〕

南米南部共同市場（MERCOSUR） 93
難民条約 73
日米安全保障条約（日米安保） 55
日米地位協定 55
日EU経済連携協定（日EU・EPA） 91
日韓基本条約 11
日中平和友好条約 11
日本原水爆被害者団体協議会
（日本被団協） 105

〔は〕

バーゼル条約 65
ハビタット・フォー・ヒューマニティ 104
パリ協定 63
部分的核実験禁止条約（PTBT） 45
ヒューマン・ライツ・ウォッチ（HRW） 104
米韓相互防衛条約 53
米州機構（OAS） 35
包括的核実験禁止条約（CTBT） 45

〔ま〕

マーストリヒト条約（欧州連合条約） 29
南アジア地域協力連合（SAARC） 35
南太平洋非核地帯条約（ラロトンガ条約） 47

〔ら〕

ラテンアメリカ及びカリブ核兵器禁止条約
（トラテロルコ条約） 47
ラムサール条約 67

〔わ〕

ワシントン条約（CITES） 67

〔アルファベット〕

ASEAN経済共同体（AEC） 93
ASEAN地域フォーラム（ARF） 33
ASEAN＋3 33
ASEAN＋6 33
AUKUS 53
G7サミット 37
G20サミット 37

第1章
国と国との関係

世界には190か国以上の国があります。もし各国が自国の利益だけを追求し、たとえば軍事力で他国を占領するといった行為をくり返すようになれば、世界の安定は損なわれ、人びとの平和な暮らしもおびやかされてしまいます。

そこで国際社会では、各国の利害や要求を調整するために「国際機構」を設置しています。国際機構は、国として守るべきルールを定め、各国にそのルールを守ってもらうよう働きかけています。また、こうしたルールは「条約」というかたちで、国と国のあいだの約束事として結ばれることもあります。

第1章では、「国とは何か」という基本的な問いや、国同士が協力しながら、平和で安定した国際社会を実現するための国際機構や条約の役割を見ていきます。

条約や国際機構ってどんなもの？
第1章では国際社会のルールやしくみについて考えよう

▶▶▶ 世界のさまざまな国際機構

各国が協調するために国際的な組織ができた

コーヒーのための国際機構

　私たちの生活は、世界の地域や国々と深く結びついています。たとえば食卓を見ると、パンやコーヒー、チョコレートなどの原材料の多くを、日本は他国からの輸入に頼っています。コーヒーの安定したとりひきを支えているのは、1963年に設立された「国際コーヒー機関」という国際機構です。メンバーはコーヒーの輸出国と輸入国で、日本を含めた70か国以上が加盟しています。

　コーヒーなどのモノの値段は、需要（その商品が求められている量）と供給（売りに出される量）のバランスによって決まります。需要に比べて供給が少ないとモノの価格は高くなり、逆だと安くなります。国際コーヒー機関ができる前までは、コーヒーをつくりすぎたり、逆に量が足りなすぎたりして、価格が安定しませんでした。これはコーヒーの輸出国にとっても輸入国にとっても、好ましいことではありません。そこで「国際コーヒー協定」というルールを作成したうえで、国際コーヒー機関が需要と供給のバランスを維持していくための管理をおこなうことにしたのです。

　コーヒーの価格の問題のように国際社会では、各国が互いに調整・協力し合わないとうまくいかないことが数多くあります。その調整・協力の役割を担っている組織のことを、国際機構と呼びます。世界には、国家間の条約にもとづいた常設の国際機構だけでも、約300近くあるといわれます。

初めてできたのは19世紀

　世界で最初にできた国際機構は、19世紀にヨーロッパの国々によって設置された「国際河川委員会」であるとされています。ヨーロッパにはライン川やドナウ川など、複数の国をまたいで流れている大きな川があり、川は人や荷物を運ぶ重要な交通の手段でした。人びとが川を利用する際

ブラジルのコーヒー農家
コーヒー豆の生産量が世界で最も多いブラジルは、国際コーヒー機関の主要加盟国だ。近年、コーヒー豆の価格は値上がりしており、安定した取引のために国家間の連携が必要とされる。

国と国は国際機構を通して、協力をしているんだね

のルールが国によってバラバラだと、不便なことになります。そこで各国が協力しながら川を共通に管理するための組織として、国際河川委員会が結成されたわけです。

その後、世界では19世紀後半から20世紀初めにかけて、郵便や通信、鉄道、著作権などさまざまな分野の国際機構ができました。たとえば私たちが今、日本の郵便切手を貼るだけで、世界中の国々に郵便物を送ることができるのは、この時期にできた「万国郵便連合」という組織が、それができるルールとしくみを整えてくれたおかげです。

いろいろなタイプの国際機構

国際コーヒー機関や万国郵便連合は、経済や社会をスムーズに動かしていくことを目的にした国際機構ですが、世界には「戦争のない平和な世界の実現」というもう一つ大切なテーマがあります。これを目的に第一次世界大戦後に設立されたのが「国際連盟」、第二次世界大戦後に設立されたのが「国際連合（国連）」（▶20ページ）です。なお国連は、国際社会の平和と安全の維持だけでなく、経済問題や社会問題など、幅広い問題に取り組む機関でもあります。

また国連が世界中の国々が加盟している世界を対象とした組織であるのに対して、国際機構の中には、ヨーロッパの国々が集まって結成された「欧州連合（EU）」（▶28ページ）のような地域単位の組織もあります。さらには「国際NGO」（▶102ページ）といって、国ではなく民間団体が中心となって組織されているものもあります。

このようにひとくちに国際機構といっても、さまざまなタイプの組織が存在しているわけです。国際社会を知るには、こうした多様な国際機構の役割や活躍ぶり、課題について知ることが不可欠となります。本書でこれからじっくり見ていくことにしましょう。

世界のさまざまな国際機構

国連のほかにも、EUなどの地域機構や、国際刑事裁判所などの司法機関、非政府組織であるNGO団体などがあり、各地に本部を置いて活動している。

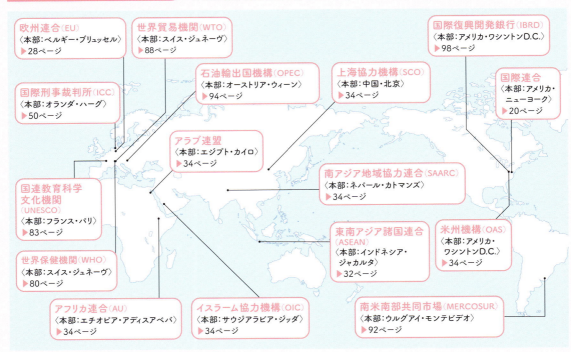

▶▶▶ 条約で国同士がつながる

条約は国と国との約束を文書のかたちにしたもの

`日韓基本条約` `日中平和友好条約`

2国間と多国間の条約がある

本書では国際機構だけでなく、いろいろな条約についてもこれから解説していきます。

条約とは、国家間で約束したことを文書にしたものです。「協定」「憲章」「議定書」「覚書」といった名前がつけられる場合もありますが、意味は「条約」と同じです。

条約には、日本とアメリカが結んでいる「日米安全保障条約」（▶54ページ）や、中国と結んでいる「日中平和友好条約」のように、二つの国のあいだで結ばれる2国間条約と、三つ以上の国によって結ばれる多国間条約があります。多国間条約の例としては、地球温暖化をストップさせるために温室効果ガス（二酸化炭素など）の削減についてのルールを定めた「パリ協定（▶63ページ）」などがあげられます。

条約は国家間の約束ですから、結んだ限りは約束を守る義務が発生します。ただし永久に守り続ける必要はありません。2国間条約であれば、どちらかの国が相手国に条約の破棄（取り消しのこと）を通告すれば、条約を終わらせることができます。また多国間条約についても、ある国が離脱（条約から抜けること）を宣言すれば、ほかの国はそれを止める方法はありません。

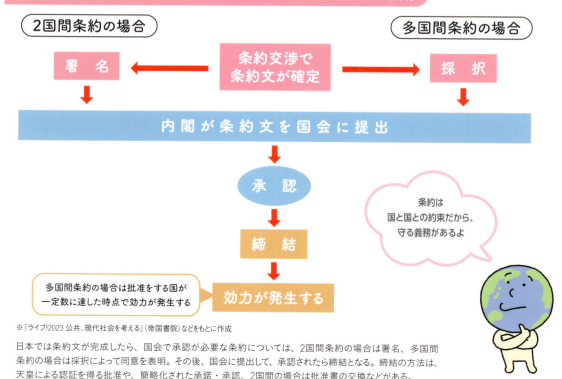

※『ライブ!2023 公共、現代社会を考える』（帝国書院）などをもとに作成

日本では条約文が完成したら、国会で承認が必要な条約については、2国間条約の場合は署名、多国間条約の場合は採択によって同意を表明。その後、国会に提出して、承認されたら締結となる。締結の方法は、天皇による認証を得る批准や、簡略化された承諾・承認、2国間の場合は批准書の交換などがある。

さまざまな手続きを経て発効

一つの条約が結ばれるまでには、ちょっと複雑な手続きが必要になります。各国の政府の代表が集まり、条文の内容についての話し合いをするところからスタートします。そしておおよそ合意ができたところで条約文をつくり、その条約文でOKということであれば代表がサインをします。このサインのことを「調印」または「署名」といいます。

ただし、これで終わりではありません。今度はその条約を国内に持ち帰り、その国で条約を締結する権限を与えられている機関が、本当にその条約に入るかどうかの検討をおこないます。日本の場合は、その権限は内閣にあたえられていますが、国会の承認が必要になる場合もあります。そして無事に国内での承認が得られると「締結」となります。

その後、2国間条約の場合は、お互いの国が「批准書」を交換すれば、条約が発効（その条約が必ず守らなくてはいけないルールになること）します。一方、多国間条約の場合は、批准をする国が一定数に達した時点で発効になります。たとえばパリ協定の場合は、「55か国以上が批准すること」と「世界の温室効果ガスの総排出量の55％以上をカバーする国が批准すること」が発効の条件に設定されていました。ちなみに条約に参加してない国は、条約で決めたルールを守る必要はありません。

条約には平和・軍縮、経済・貿易、環境、人権など、さまざまなものがあります。国と国が新たに国交（外交・貿易などの交流をおこなうこと）を結ぶときにも条約が結ばれます。日本も1965年まで韓国と国交がありませんでしたが、**「日韓基本条約」**を締結することで国交を結びました。

日韓基本条約の調印式
1965年、日本の佐藤栄作内閣と韓国の朴正熙政権のあいだで結ばれた。日本は韓国を朝鮮半島唯一の合法的な政府と認め、韓国に経済援助をおこなうことを約束した。

日韓基本条約
Treaty on Basic Relations Between Japan and the Republic of Korea

発効 ……………… 1965年

1910年から1945年（日本がアジア・太平洋戦争に敗れた年）まで、日本は朝鮮半島を植民地支配していた。戦争後、朝鮮半島は韓国と北朝鮮に分かれて独立したが、日本は韓国とは国交がない状態が続いていた（北朝鮮とは今もない）。そこで日本と韓国のあいだで話し合いの場が持たれ、日韓基本条約を結び国交を樹立した。

日中平和友好条約
Treaty of Peace and Friendship between Japan and the People's Republic of China

発効 ……………… 1978年

1949年、中国では中華人民共和国が成立したが、日中間では国交がない状態が続いていた。1972年に国交は正常化されたが、条約の中に入れる語句をめぐり合意ができず、国交に関する正式な条約を結べずにいた。そこで話し合いを重ねた結果、1978年に両国の友好関係のあり方を記した日中平和友好条約が締結された。

▶▶▶ そもそも国って何？❶

国として認められるには領域・国民・主権が必要

`国連海洋法条約` `国際民間航空条約（シカゴ条約）`

国が成り立つための三つの条件

私たちは普段、あまり深く考えることなく「国」という言葉を使っています。では、そもそも「国」とは何でしょうか。どんな条件を満たしていれば、「国」として認められるのでしょうか。

国が成り立つ条件は、「領域」「国民」「主権」の三つです。このうち「領域」とは領土・領海・領空のことであり、日本の場合だと北海道・本州・四国・九州と、その周辺の島々が領土です。領海と領空については、のちほどくわしく説明します。

領土があっても、そこにだれも住んでなければ、国としては認められません。ずっとその土地に住み続けている人びとがおり、なおかつその人たちがバラバラではなく、一つの国を形成しようとする意思を持った「国民」であることが、条件の二つ目となります。

そして三つ目の条件である「主権」とは、自国の政治や社会のしくみなどをどうしていくかを自国で決めることができる権利のことをいいます。領土があり、人びとが暮らしているとしても、ほかの国からの支配を受けており、主権という権利を使うことができない状態になっている場合は、国としては認められないわけです。ちなみに日本をはじめとした多くの国は国民主権となっており、国王ではなく国民が、自分たちの国のことを自分たちで決めるしくみを採用しています。

海と空に関するルールとは？

さて、ここからは先ほどあと回しにした領海と領空について説明します。

地球の約3分の2の面積を占めている海は、どこの国のものでもない「公海」と、どこかの国のものである「領海」に分けられます。「国連海洋法条約」では、各国が沿岸から12海里（1海里は1852m）をこえない範囲で、領海を定めていいことになっています。領海は「その国の海」ですから、ほかの国の船が勝手に領海内に入って漁業や海洋調査、軍事演習などをおこなうことは許されません。ただし他国の船が、その国に迷惑を与えないかたちで

国が成立するための三つの条件

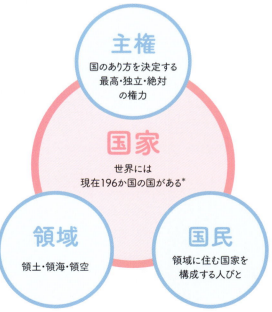

主権
国のあり方を決定する最高・独立・絶対の権力

国家
世界には現在196か国の国がある*

領域
領土・領海・領空

国民
領域に住む国家を構成する人びと

*2024年現在、日本政府が承認している195か国に日本を加えた数

国家は、「領域」とそこに住む「国民」から成り、国のあり方を決定する権力である「主権」を持つ。この領域・国民・主権の三つが国家の三要素といわれ、国が成立するための条件とされている。

国家の領域はどこまで？

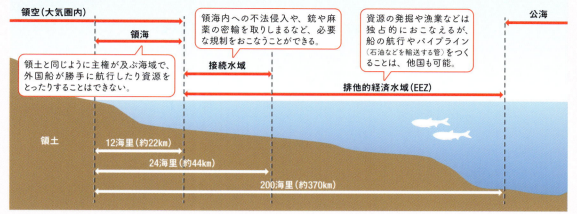

国家の領域には、領土・領海・領空がある。沿岸から12海里（約22km）までが領海で、領土と領海の上空（大気圏まで）が領空だ。また、沿岸から200海里（約370km）までの排他的経済水域では、独占的に天然資源を掘ったり漁業をしたりできる。公海ではどの国でも自由に航行、通商、漁業ができる。

※外務省ホームページをもとに作成

領海内を通ること自体は認められています。

さらに国連海洋法条約では、各国が沿岸から200海里までの範囲で、排他的経済水域（EEZ）を設定する権利を認めています。排他的経済水域に設定されたエリアでは、その国がエリア内にいる魚などの生物資源や、海底に埋まっている石油などのエネルギー資源の管理・調査・開発をおこなう権利が認められています。もしほかの国が排他的経済水域内で海洋調査などをおこないたい場合は、その国の許可が必要になります。

一方「領空」とは、簡単にいえば「その国の空の領土」のことです。1919年、すべての国が自国の領土と領海の上空に主権を持つことが、「パリ国際航空条約」で確認されました。1944年の**「国際民間航空条約（シカゴ条約）」**では、その国の領土と領海の真上にある空については、他国の航空機がそのエリアの中を飛行するときには、必ずその国の同意が必要になるとされました。もし同意なく空の上を勝手に飛んだ場合は、国際問題に発展する可能性もあります。

国連海洋法条約
United Nations Convention on the Law of the Sea

調印	1982年	発効	1994年
日本発効年			1996年
締約国数			169か国・地域+EU

海に関する四つの条約（領海条約、大陸棚条約、公海条約、公海生物資源条約）を一つにまとめた「海の憲法」ともいわれている条約。領海を12海里、排他的経済水域を200海里とすることが定められた。また海に関する国家間のもめごとを解決するための機関として、国際海洋法裁判所を設置することも定められた。

国際民間航空条約（シカゴ条約）
Convention on International Civil Aviation

調印	1944年	発効	1947年
日本発効年			1953年
締約国数			193か国・地域

民間の国際線航空機が安全に飛行するためのルールを定めた条約。その国の領土と領海上の空域を「領空」とみなし、領空を飛行する際はその国の同意が必要になることとした。また1983年、ソ連の領空を侵犯した韓国の航空機がソ連機に撃墜された事件をきっかけに、民間航空機に対する武器使用の禁止が追加で盛りこまれた。

▶▶▶ そもそも国って何？ ❷

国は主権を持っているが何でも許されるわけではない

自国のことは自国で決める

12ページで、国が成り立つ条件の一つとして「主権」を挙げました。「主権」とは、自国の政治や社会のしくみなどを自国で決めることができる権利のことをいいます。

国際社会においては、それぞれの国の「主権」を守ることが非常に尊重されています。たとえば世界の中には、国王が元首（国の代表）を務めているけれども、実際の政治は憲法にもとづいておこなわれる立憲君主制という政治制度を採用している国があります。一方、国王はおらず、選挙で選ばれた人が元首を務める共和制を採用している国もあります。どの国がどんな政治体制にするかは、その国自身が決めるものであり、他国がその国の政治体制を強引に変えさせることはできません。これを内政不干渉（その国の政治・経済・社会体制について、他国は介入できないこと）といいます。ただしその国の政治体制などについて、他国が意見や批判を口にするだけであれば認められています。

また国際社会には、国際機構（◀8ページ）や国家間で結ぶ条約（◀10ページ）があるという話を先ほどしましたが、ある国がその国際機構に加入するかや、その条約を結ぶかは、その国自身が自分の意思にもとづいて判断することです。他国はその国に対して、国際機構への加盟や条約への批准を働きかけることはできますが、強制はできません。

もちろん、その国が自分の意思で条約に批准したときには、条約は「国際的な約束」で

条約締結に合わせ日本の法律を整備した例（一部）

条約	関連する日本の法整備
発効 1989年　**日本発効年** 1989年 **オゾン層を破壊する物質に関するモントリオール議定書** オゾン層の破壊を止めるため破壊物質の生産・消費・貿易を規制する	**成立・施行** 1988年 **オゾン層保護法** 日本でのオゾン層破壊物質の生産・消費を規制し、削減をめざす
発効 1993年　**日本発効年** 1993年 **生物の多様性に関する条約（生物多様性条約）** 地球上のさまざまな生物の生きる環境や、生物同士の調和を守る	**成立・施行** 2008年 **生物多様性基本法** 日本の豊かな生態系を守り、自然と共生する社会をめざす
発効 1990年　**日本発効年** 1994年 **児童の権利に関する条約（子どもの権利条約）** 「生きる権利」「教育を受ける権利」など子どもが持つ人権を定めた	**成立・施行** 2000年 **児童虐待防止法** 子どもの虐待を禁止し、通報の義務や保護のための措置が定められた
発効 2008年　**日本発効年** 2014年 **障害者の権利に関する条約（障害者権利条約）** 障害者の人権や基本的自由を守るために締約国に措置を定めさせる	**成立** 2013年　**施行** 2016年 **障害者差別解消法** 障害のある人への差別を禁止し、必要な支援の提供を義務づけた
発効 2003年　**日本発効年** 2017年 **国際組織犯罪防止条約（パレルモ条約）** 国際的な組織犯罪の防止のための国際協力を推進する	**成立・施行** 2017年 **組織的犯罪処罰・犯罪収益規制法（改正法）** 犯罪を共謀した段階で検挙・処罰することができるようになった

日本では「男女雇用機会均等法」のように、条約の締結によって生じる義務を守るために、国内法を整備した例がほかにもある。締結後に法整備をする場合と、法整備を終えてから締結にいたる場合がある。

あるため、条約を守る義務が発生します。条約を守るためには、国内の法律を整え直さなくてはいけない場合も出てきます。

たとえば日本は、国連で採択（提案が通ること）された「女子差別撤廃条約」に、1985年に批准しました。これにより日本は、女子への差別がない社会を実現する義務が生じました。しかし、当時の日本は女子差別を禁じる法律がありませんでした。そこで制定されたのが「就職や昇進などについて、男女を差別してはいけない」とする「男女雇用機会均等法」でした。

何でも許されるわけではない

いくら主権が尊重されているからといっても、「自分の国の中のことであれば、何をやっても許される」わけではありません。

たとえばある国の政府が、国内の一部の人たちの人権を無視し、ひどい弾圧をおこなっていたとします。この場合、20世紀の前半ごろまでは、「人権についても、それぞれの国で判断することであり、他国は干渉できない」という考え方が主流でした。けれども今は、「人権はその国だけの問題ではなく、人類共通の問題だ。だから人権を軽視している国に対しては、それを改めさせるために他国が介入してもいい」という考え方が強くなっています。

またある国が、工場などから排出される汚染物質を空や海へと大量に放出していたとします。これはその国だけの問題ではありません。周りの国に迷惑をかける行為、もっといえば地球全体に迷惑をかける行為です。こうした国際社会全体の利益を損なうようなことは、やってはいけないという考え方も強まっています。

国際社会がなぜ主権を大切にしているかというと、主権がない世界を想像してみるとわかります。主権がなければ、軍事力や経済力が強い国が弱い国に介入して、支配するようなことがどんどん起きます。こんな世界では、国際社会は安定せず、人びとは幸せになれません。だから主権は大事です。けれどもいくら大事だからといって、それぞれの国が好き勝手なことを始めてしまったら、やはり国際社会は安定せず、人びとは幸せになれません。絶妙なバランスが求められます。

主権があるからといって、勝手なことをしていると国際的な非難や制裁を受けるぞ

人権を無視され、国を追われたロヒンギャの人たち
ミャンマーのイスラーム教少数民族のロヒンギャは、ミャンマー国軍による迫害を受けている。彼らは難民として隣国へ逃れ、難民キャンプなどで生活をしている。写真はインドネシアに逃れたロヒンギャの人たち（2023年）。

▶▶▶ 国を裁く裁判所が存在する！

国同士のもめごとはどうやって裁くのか？

国際司法裁判所（ICJ） 常設仲裁裁判所（PCA） 国際海洋法裁判所（ITLOS）

国際司法裁判所は国連の組織

国際社会では、二つの国が国境線の土地をめぐって、互いに自分の国の領土であると言い張る国境問題など、国家間の主張が対立することがしばしば起きます。こうした国同士のもめごとを裁く機関として設置されているのが、「国際司法裁判所（ICJ）」や「常設仲裁裁判所（PCA）」、「国際海洋法裁判所（ITLOS）」などです。

国際司法裁判所は、国連の組織です（▶22ページ）。「国連の憲法」ともいえる国連憲章には、国際司法裁判所がくだした裁判の結果には必ず従わなくてはいけないことが定められています。もし従わない国があった場合には、国連安全保障理事会で審議をしたうえで、制裁を加えることが可能です。

ただし一般的な裁判所とちがうのは、対立している双方の国が同意しないと、裁判を開けないことです。A国がB国を裁判に訴えようとしても、B国がそれに応じなければ、裁判を始めることができないのです。こうしたルールになっているのは、「それぞれの国は平等であり、その国の主権を尊重する必要がある」という考えにもとづいています。

海の問題を扱う裁判所もある

これに対して常設仲裁裁判所は、双方が合意していなくても裁判を始めることができます。また国家間だけでなく、国と企業や国と個人、企業間、個人間のもめごとも対象としています。ユニークなのは、裁判を受ける当事者自身が裁判官を選べることです。あらかじめ作成されている裁判官名簿の中から当事者の双方が2人ずつ、計4人を選び、その4人の裁判官が上級裁判官1名を選び、計5名の裁判官によって審議がおこなわれます。

常設仲裁裁判所は、「どちらが正しいかを裁く機関」というよりは、「調停（話し合いで解決策を探すこと）や仲裁（第三者に解決方法を決めてもらうこと）をおこなう機関」という意味合いが強いといえます。当事者は裁判の結果には必ず従わなくてはいけないルールになっていますが、裁判所にはそれ

国際司法裁判所のしくみ

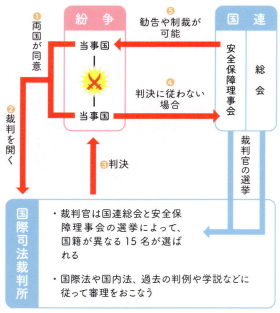

※『ライブ!2023 公共、現代社会を考える』（帝国書院）などをもとに作成

訴えた国と訴えられた国の双方が同意しないと裁判は開けない。裁判の判決結果に従わない場合は、国連から勧告や強制措置がくだされる。

16

を強制的に守らせる力は与えられていません。

そして国際海洋法裁判所とは、名前のとおり「海に関するルール」を定めた国際海洋法の内容に関係することで、国家間でもめごとが起きたときに、そのもめごとを解決することを目的に設置された裁判所です。ただし海に関するもめごとを扱うのは、国際海洋法裁判所だけではありません。もめごとの当事者となった国は、国際海洋法裁判所、国際司法裁判所、常設仲裁裁判所などの中から、どの裁判所に裁判を付託（頼んで任せること）するかを選べることになっています。

そのほかにも国際的な裁判所には、戦争犯罪などを裁く機関として、「国際刑事裁判所（ICC）」があります。こちらは「戦争に関する罪を犯した人を裁くしくみ」の項目（▶50ページ）でくわしく説明します。また「EU（欧州連合）」が設置している「EU司法裁判所」や、「アフリカ連合（AU）」が設置している「アフリカ司法裁判所」など、その地域で起きている国家間のもめごとを裁くことを目的に設置されている裁判所もあります。

中国を訴えたフィリピン

中国は南シナ海をぐるりと囲む独自の境界線「九段線」を設け、その内側の領有を主張している

中国は南沙諸島に人口島をつくり、軍基地などを設置して実効支配

フィリピンは中国の海洋進出を警戒

※ウェブサイト「日本経済新聞」2016年7月12日の記事などを参照

南シナ海への海洋進出を進める中国を、2016年にフィリピンが常設仲裁裁判所に訴えた。常設仲裁裁判所は中国が主張する海域の権利は国際法違反と判決をくだしたが、罰則や強制する力はないため、中国はこの判決を受け入れていない。

国際司法裁判所（ICJ）
International Court of Justice

設立	1945年
日本加盟	1954年
本部	ハーグ（オランダ）

国連の組織。国家間の争いについて、国際法や過去の判例などにもとづいて審理をおこない、判決をくだす。当事国は、判決結果に必ず従わなくてはいけない。ただし裁判は、当事国の双方が同意しないと開催することができない。裁判官は国籍が異なる15名より構成され、国連総会と安全保障理事会の選挙によって選ばれる。

常設仲裁裁判所（PCA）
Permanent Court of Arbitration

設立	1899年
日本加盟	1912年
本部	ハーグ（オランダ）

1899年、世界の主要な国々が国際平和のあり方について話し合った第1回万国平和会議において、各国の合意により設立が決定。当事者双方の合意がなくても裁判をおこなうことができ、また国家間だけではなく、企業、個人が当事者となる争いも対象とする。裁判官は名簿の中から、当事者が裁判官を選ぶかたちで決められる。

国際海洋法裁判所（ITLOS）
International Tribunal for the Law of the Sea

設立	1996年
日本加盟	1996年
本部	ハンブルク（ドイツ）

1994年に発効した国連海洋法条約の中に裁判所の設置が記されていたことから、1996年に設立された。国連海洋法条約の解釈や適用に関する紛争が起きたときに、その法律的な解決をおこなう役割を担っている。基本的には国連海洋法条約に加盟している国が裁判所を利用できるが、特別なケースでは加盟国以外の国も利用できる。

国際社会のはてな？
宇宙はだれのもの？

宇宙はどこの国の領土でもなく、平和的な利用をめざして条約が定められました。しかし現実は……。

宇宙はすべての国が利用できる

人類が初めて宇宙へと一歩を踏み出したのは、1957年のこと。ソ連（今のロシア）が人工衛星のスプートニク1号を打ち上げたときです。その後、ソ連は1961年にはボストーク1号という宇宙船を開発。宇宙飛行士のガガーリンが乗船し、今度は人を乗せた状態での宇宙飛行を成功させました。

これにより、それまで天体望遠鏡を使って観測するだけの場所だった宇宙は、人が行ける場所になりました。そのため宇宙利用に関するルールを定める必要が出てきました。そこで1966年に国連総会で採択され、1967年に発効したのが、「宇宙条約」です。

宇宙条約ではまず、すべての国が月などの天体を含む宇宙空間を自由に探査・利用できることが認められています（第1条）。また宇宙はどこの国のものでもなく、いずれの国も領有権を主張することは禁止されています（第2条）。さらには核兵器などの大量破壊兵器を積んだ物体を地球の周りの軌道に乗せたり、宇宙空間に配置したりすることや、月などの天体を軍事利用してはいけないこと（第4条）になっています。宇宙は自由に利用してもいいが、だれのものでもなく、軍事的な争いの場にもしてはいけない、というのが、宇宙条約の趣旨です。

軍事利用の場になっている

しかし現実には、宇宙は軍事利用の舞台になっています。たとえば、対立している国の軍事活動の状況を把握するために、軍事施設などを撮影できる画像収集衛星や、対立国から通信内容をキャッチされることなく軍事通信をおこなうための軍事通信衛星などの人工衛星が宇宙空間に打ち上げられ、活動しています。さらには、対立国の人工衛星の活動を妨害するための兵器の開発も進んでいます。

ただしこれは条約違反ではありません。条約の内容をきちんと読むとわかりますが、宇宙条約では、月などの天体については軍事利用が禁じられていますが、宇宙空間については核兵器などの大量破壊兵器の配置が禁止されているだけで、軍事利用をすること自体は禁止されているわけではないからです。

各国による宇宙をめぐる軍事的な勢力争いは、近年ますますはげしさを増しており、アメリカもロシアも宇宙軍を設立しています。日本の自衛隊も、日本の人工衛星を守ることなどを目的に宇宙作戦群を設立しました。宇宙だけは、軍事的なこととは関係のない平和な場所であってほしいものですが、そうはいかないようです。

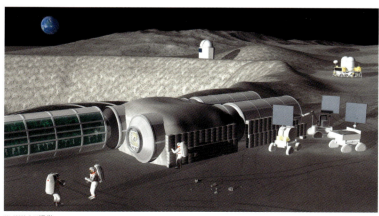

※JAXAより提供

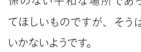

「アルテミス計画」の月面基地イメージ

アポロ計画以来の有人月面着陸となる「アルテミス計画」。米国のNASAが中心となり、日本のJAXAも参加している。火星の探索を可能にするためのゲートウエイ（月周回有人拠点）計画などを通じて、月での持続的な活動を目指している。

第2章
国連と地域統合

世界の歴史は、国家間による戦争や対立の連続でした。特に20世紀前半には、第一次世界大戦と第二次世界大戦という二つの大きな戦争が続けて起き、第二次世界大戦では4000～5000万人もの人びとが命を落としました。この悲惨な経験への反省から生まれたのが、国際連合（国連）です。

国連は「国同士が対立するのではなく、協力しあうことで国際社会の平和と安全を実現する」ことをめざしています。また、ヨーロッパでも国同士の対立を乗りこえるための国際機構として、EU（欧州連合）が発足しました。しかし残念ながら、今なお世界から戦争や対立がなくなったわけではありません。

第2章では、国連やEUをはじめとした国際機構がめざしていることと、それらが抱える課題について考えていきます。

この章では国連やEUをはじめ、さまざまな国際機構の歴史や役割について紹介するよ

▶▶▶ 2度と戦争を起こさないため

国際連合設立の経緯とその目的とは何だろうか？

国際連合憲章（国連憲章）　国際連合（国連）

失敗に終わった国際連盟

20世紀の初めに起きた第一次世界大戦は、これまで人類が経験したことがない規模の大戦争でした。犠牲者の数は、兵士と民間人を合わせると、1600万人以上に上りました。そのため大戦が終わると人びとのあいだでは、「もうこんな戦争を二度と起こしてはいけない」という意識が高まりました。そこで1920年に設立されたのが、世界中の国々が協力しながら平和を守っていくことを目的とした国際連盟という組織でした。

国際連盟では、国家間で何か問題が起きて対立が深まったときでも、すぐに戦争を始めるのではなく、新たに設けられた仲裁裁判所や国際裁判所などに問題解決のための判断を委ねるといったルールが設けられました。

しかし国際連盟は、結局平和を守ることに失敗しました。発足から約20年後の1939年、第一次世界大戦をはるかに上回る悲惨な戦争となった第二次世界大戦が起きてしまったからです。

国際連盟には、アメリカは最初から不参加でしたし、日本やドイツは途中で脱退してしまいました。国際社会の中でも強い影響力を持つ大国とされていた国々が、メンバーから外れていたわけです。また他国に軍事侵攻をするなどの平和を乱した国に対しては、国際連盟に加盟しているすべての国が経済制裁（貿易を制限するなど経済的な圧力をかけること）をおこなうというルールが定められましたが、経済制裁以上の厳しい制裁はできないという限界もありました。

平和を実現するための国際連合

第二次世界大戦が終わると、「今度こそ戦争を起こしてはいけない」という思いのもと、

国際連盟と国際連合は何がちがうのか

国際連盟　League of Nations		国際連合　United Nations
1920年	設立年	1945年
ジュネーヴ（スイス）	本部	ニューヨーク（アメリカ）
59か国（1934年）、発足時42か国 ※アメリカは不参加、ソ連は遅れて参加、日本・ドイツ・イタリアは途中で脱退	加盟国	193か国（2023年）、発足時51か国 ※アメリカ・ソ連（ロシア）・イギリス・フランス・中国の5大国が初めから参加
●理事会…英・仏・伊・日の常任理事国と非常任理事国4か国の計8か国	理事国	●安全保障理事会…米・ソ・英・仏・中の常任理事国と非常任理事国10か国の計15か国
●総会…全会一致制 ●理事会…全会一致制	評決の方法	●総会…多数決制（重要事項は2/3以上） ●安全保障理事会…常任理事国を含めた9理事国の賛成で表決（常任理事国は拒否権を持つ）
経済制裁のみ	集団安全保障	経済制裁と国連軍による武力制裁
❶発足時に米・ソ両大国が不参加 ❷評決が全会一致のため運営が困難 ❸制裁が経済制裁のみで不十分	問題点	❶安全保障理事会で常任理事国のうち1国でも反対すると決議は成立しない ❷慢性的な財政難

※『2024最新図説 政経』（浜島書店）などをもとに作成

「**国際連合（国連）**」が設立されました。国連では、途中で脱退する国が出てこないようにするために、脱退に関するルールをあえて定めませんでした。また国際連盟のときには、問題を起こした国に対してできるのは経済制裁まででしたが、国連では武力制裁もできることにしました。問題を起こした国に対して経済制裁をしたけれども、態度を改めなかった場合には、国連に加盟している国々で国連軍を組織して、その国がおこなっていることを武力を用いて強引にやめさせることができるようにしたのです。

このように国連が設立された目的は、「国際社会の平和と安全を守ること」にあります。ただし平和とは、単に戦争がない状態のことをいうのではありません。戦争は起きていなくても、多くの人びとが飢えに苦しんでいたり、自由を奪われていたりする社会は、平和とはいえません。そのため国連では、国際紛争に関する問題を扱う機関以外にも、難民問題や貧困問題、人権問題などに関するさまざまな組織が設置され、活動をおこなっています。ちなみに現在国連に加盟している国の数は、193か国です。世界のほとんどの国が加盟していますが、バチカン市国やコソボ共和国など、未加盟の国もまだあります。

国連加盟国数の推移

国連への加盟申請は事務局長に対しておこない、まず安全保障理事会で採択をして、可決後に総会の3分の2以上の賛成を得ると加盟が認められる。2011年に独立したアフリカの南スーダンが加盟し、現在の193か国となった。パレスチナとバチカン市国は未加盟だが、オブザーバーとして総会には参加できる。

※『公共ライブラリー2024-2025』(清水書院)などをもとに作成

加盟国は51か国からスタートして約4倍にも増えたのかぁ

国際連合憲章（国連憲章）
Charter of the United Nations

調印	1945年	発効	1945年
日本発効年			1956年
締約国数			193か国（発効時は51か国）

国連の目的や、国連の加盟国となるための基準、国連の主要機関などについて定めた憲章。第二次世界大戦で勝利を収めた連合国（アメリカやイギリス、ソ連など）では、大戦中から国連のあり方についての議論が重ねられていた。終戦直前の1945年6月に連合国の51か国によって国連憲章が定められ、10月に国連が発足した。

国際連合（国連）
United Nations

設立	1945年	日本加盟	1956年
加盟国			193か国
本部			ニューヨーク（アメリカ）

世界中のほとんどの国が加盟している国際機構。「国際社会の平和と安全の維持」「諸国間の友好関係の発展」「経済、社会、文化、人道に関する国際問題を解決し、人権や基本的自由の尊重の促進」などを設立の目的としている。日本は第二次世界大戦の敗北から10年以上たった1956年に国連への加盟を実現した。

▶▶▶ 国連がめざしていること

国連の主要な機関にはどんな役割があるのだろう？

| 総会 | 安全保障理事会(安保理) | 経済社会理事会 | 信託統治理事会 | 事務局 |

貧困や差別のない平和な世界をつくる

　第二次世界大戦後、国連が発足するにあたって定められた「国連憲章」には、国連の目的や役割、活動内容などが記されています。国連憲章によると、国連に求められている役割は、大きく四つあるといえます。

❶国際社会の平和と安全の実現、維持
❷国同士が互いに相手を尊重し、友好関係を深めていくこと
❸貧困や病気、環境問題など、国際社会全体の問題の解決に取り組んでいくこと
❹世界中の人びとの基本的な人権や自由を守っていくこと

　この❶～❹のとおり、国連がめざしているのは、単に「戦争がない世界を実現すること」だけではありません。「人びとが貧困や病気、差別に苦しむことがない世界をつくること」です。また平和の維持について国連憲章では、「武力によるおどしや武力を行使してはいけない」と定めています。戦争はもちろんのこと、武力をちらつかせて相手の国をおどすことも禁止しているのです。

六つの主要機関を設置

　国連では、国連の目的・役割を果たすために、「総会」、「安全保障理事会(安保理)」、「経済社会理事会」、「信託統治理事会」、「事務局」、「国際司法裁判所（ICJ）」（◀16ページ）の六つの主要機関を設置しています。このうち戦争のない社会を実現するうえで、大切な役割を担っているのが安保理です。安保理については26ページでくわしく説明します。また国家間のもめごとを解決する国際司法裁判所については、16ページで説明しています。

　なお六つの主要機関のうち信託統治理事会は、信託統治地域（まだ国として独立できていない地域）の独立を支援する機関です。ただし1994年に最後の地域であったパラオが独立し、すべての信託統治地域が独立を遂げたため、今ではその役割を終えています。

国連の六つの主要機関

国連は総会を中心とした六つの主要機関からなる。各機関の具体的な活動は右ページで解説している。

安全保障理事会
世界の平和と安全保障について検討・決議する。常任理事国5カ国と非常任理事国10カ国で構成

経済社会理事会
経済・社会・文化・保健などを担当。UNESCOやWHOなどさまざまな専門機関と協力している

総会
全加盟国が参加し、さまざまな問題を検討・決議する国連の議会

信託統治理事会
未独立地域11か国の政治を監督していたが、すべて独立したため1994年から活動停止

事務局
政策や計画を実行する行政機関。事務総長と国連職員で構成される

国際司法裁判所（ICJ／◀16ページ）
国家間の争いを裁く機関。安全保障理事会と総会が選出した15人の裁判官で構成

22

総会
General Assembly

設立	1945年
日本加盟	1956年
会議場	ニューヨーク（アメリカ）国連本部内

すべての加盟国が参加し、安全保障や政治、経済、人権問題など、あらゆる問題について検討・決議をおこなう機関。決議の際には、各国がそれぞれ一票ずつ投票権を持っており、国の大小に関係なく、平等に議論や議決に参加できるしくみになっている。新しい加盟国の承認や国連憲章の改正なども総会でおこなわれる。

安全保障理事会（安保理）
Security Council

設立	1945年
日本加盟	1956年
会議場	ニューヨーク（アメリカ）国連本部内

国際社会の平和と安全の維持に関して、重要な責任を負っている機関。戦争や紛争が起きた地域や、起きそうな地域が出た場合、当事者国に対して解決案の提案をおこなう。安保理の決定には従う義務があり、従わない国に対しては経済制裁などの制裁案を出すこともできる。常任理事国5か国と非常任理事国10か国より構成される。

経済社会理事会
Economic and Social Council

設立	1945年
日本加盟	1956年
会議場	ニューヨーク（アメリカ）国連本部内

経済、社会、文化、保健、人権などさまざまな問題について状況を調査し、報告、勧告（政策を提案すること）をおこなう。また労働や健康、食糧問題などに関する多様な国連の専門機関（▶24ページ）と協力しながら、問題の解決や改善にも取り組んでいる。理事をつとめるのは54か国で、任期は3年。毎年18か国が改選される。

信託統治理事会
Trusteeship Council

設立	1945年
日本加盟	1956年
会議場	ニューヨーク（アメリカ）国連本部内

信託統治地域とは、まだ国として独立できるだけの政治や経済、社会の条件が整っていない地域のこと。第二次世界大戦後、国連によって信託統治地域が指定された。そして信託統治理事会が設立され、独立に向けた支援がおこなわれることになった。1994年に最後の地域であったパラオが独立したため、現在は活動を休止している。

事務局
Secretariat

設立	1945年
日本加盟	1956年
本部	ニューヨーク（アメリカ）国連本部内

国連のさまざまな機関が決定した政策や計画を実行する機関。4万人以上の職員が、ニューヨークの国連本部や世界各地の事務所で働いている。トップの事務総長には、重要な国際問題が起きたときには、各国の首脳との交渉などを通じて解決に取り組むことが求められている。事務総長は安保理での勧告を経て、総会で任命される。

国連の旗
北極を中心とした世界地図と、それを取り囲む2つのオリーブの枝が描かれている。オリーブの枝は平和の象徴であり、背景の青色は戦争を表す赤の反対色として選ばれた。

▶▶▶ 専門的な仕事を担当！

国連と協力している さまざまな機関がある

より専門的な仕事を担当

　国連には六つの主要機関以外にも、右ページの図のように、より専門的な分野の仕事を担当する「専門機関」や「関連機関」「総会によって設立された機関」「補助機関」があります。

　このうち「専門機関」は、国連の組織ではなく、国連憲章とは別の条約にもとづいてつくられた独立した国際機構です。国連の経済社会理事会と協定を結び、協力しながら専門的な分野の仕事に取り組んでいます。専門機関の中には、1919年に設立された「国際労働機関（ILO）」（▶78ページ）のように、国連よりも古い歴史を持つ国際機構も多くあります。そのほかの代表的な専門機関としては、世界の人びとの健康を守る役割を担っている「世界保健機関（WHO）」（▶80ページ）や、教育や科学の発展を支援する「国連教育科学文化機関（UNESCO）」（▶83ページ）などがあります。また「関連機関」も、国連とは別の独立した機関であり、国連とは協定は結んではいませんが、協力関係にあります。

国連に属している組織もある

　一方で「総会によって設立された機関」とは、名前のとおり国連総会が特別な目的のもとに設立した機関のこと、「補助機関」とは総会や安全保障理事会、経済社会理事会といった主要機関が、特定の役割を実行させるために設立した機関のことです。これらの機関はいずれも国連に属しています。

　国連では、今も必要に応じて補助機関を新設しています。たとえば2005年には、一度紛争が起こった地域で二度と紛争が起きないようにするために、その地域のさまざまな問題の解決に取り組む機関として「国連平和構築委員会（PBC）」（▶49ページ）が設立されました。

　こうしたいろいろな分野のプロフェッショナル組織が、国連の活動を支えています。

国連本部
アメリカ・ニューヨークのマンハッタンに建つ国連本部。この本部以外に、地域事務局がジュネーヴ（スイス）、ウィーン（オーストリア）、ナイロビ（ケニア）に置かれている。

国連と協力する機関や国連が設立した機関

国連には属していないが、協力関係にある「専門機関」や「関連機関」、国連の主要機関によって設立された「総会によって設立された機関」や「補助機関」がある。

事務局　**国際司法裁判所**　**信託統治理事会**

安全保障理事会　**総　会**　**経済社会理事会**

補助機関（安保理）

国連に属する機関で、安全保障理事会の任務を達成するために実際の手足となって活動する。

◎テロ対策委員会
◎国連平和維持活動
　（PKO／▶48ページ）
など

補助機関（総会）

国連に属する機関で、総会の目的や任務の達成のために、具体的な活動をおこなう。

◎軍縮委員会
◎国際法委員会
◎国連人権理事会
　（UNHRC／▶71ページ）
など

専門機関

国連には属していないが、経済社会理事会と協定を結び、国連と連携関係にある。各国は手続きをすれば、各専門機関に加盟することができる。現在 15 の専門機関が存在する。

◎国際労働機関（ILO／▶78ページ）
◎国連食糧農業機関
　（FAO／▶81ページ）
◎国連教育科学文化機関
　（UNESCO／▶83ページ）
◎世界保健機関
　（WHO／▶80ページ）
◎世界銀行グループ
　・国際復興開発銀行
　　（IBRD／▶98ページ）
　・国際開発協会（IDA／▶98ページ）
　・国際金融公社（IFC／▶99ページ）
◎国際通貨基金（IMF／▶87ページ）
◎国際民間航空機関（ICAD）
◎国際海事機関（IMO）
◎国際電気通信連合（ITU）
◎万国郵便連合（UPU／◀9ページ）
◎世界気象機関（WMO）
◎世界知的所有権機関（WIPO）
◎国際農業開発基金（IFAD）
◎国連工業開発基金（UNIDO）
◎世界観光機関（UNWTO）

関連機関

国連とは別の独立した機関。それぞれの専門の領域で活動し、独自の立法機関と予算を持つ。

◎世界貿易機関（WTO／▶88ページ）
◎包括的核実験禁止条約機関準備委員会（CTBTO）
◎化学兵器禁止機関（OPCW）
◎国際原子力機関（IAEA／▶45ページ）
など

総会によって設立された機関など

総会が任務達成のために設立した機関や各種基金、事務所、計画など。

◎国連貿易開発会議（UNCTAD／▶96ページ）
◎国連開発計画（UNDP／▶96ページ）
◎国連環境計画（UNEP／▶58ページ）
◎国連人口基金（UNFPA／▶80ページ）
◎国連難民高等弁務官事務所（UNHCR／▶72ページ）
◎国連児童基金（UNICEF／▶76ページ）
◎国連パレスチナ難民救済事業機関（UNRWA）
◎国連世界食糧計画（WFP／▶81ページ）
◎国連大学（UNU）
など

補助機関（経済社会理事会）

国連に属する機関で経済社会理事会の任務を補助する。

◎麻薬委員会
◎女性の地位委員会
など

※『ライブ!2023 公共、現代社会を考える』（帝国書院）などをもとに作成

▶▶▶ なぜ世界は平和にならないの？

安全保障理事会のしくみと解決するべき問題点

平和実現のカギをにぎる安保理

　第二次世界大戦後に国連が創設された目的は、「国際社会の平和と安全を実現すること」でした。では国連ができたことによって、世界は平和になったかといえば、残念ながらそんなことはありません。今もウクライナや中東のパレスチナなどの世界各地で、戦闘がくり広げられています。

　世界の平和と安全を実現するうえで、国連の中でもっとも重要な役割を担っているのが「安全保障理事会（安保理）」です。国際社会がなかなか平和にならないのは、この安保理がうまく機能していないことが大きいといえ

ます。では安保理とは、どのような組織なのでしょうか。

　たとえばＡ国が軍隊を使って、Ｂ国の領土を占領するとします。このとき安保理では議論をおこなったうえで、Ａ国に対して「Ｂ国から軍隊を撤退させることを要求する」といった決議を採択できます。安保理で下された決議内容には、加盟国は必ず従わなくてはいけないことになっています。

　ところがＡ国が決議内容を無視して、Ｂ国の占領をその後も続けたとします。このとき安保理ではＡ国に対して、経済制裁をおこなう決定を下すことができます。国連に加盟している国々が、Ａ国との貿易を大幅に制限す

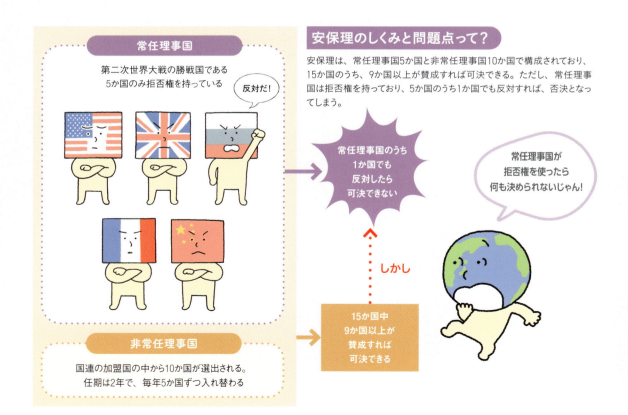

ることで、経済的なダメージをあたえ、Ａ国の態度を改めさせようとするわけです。

しかしそれでも状況が改善されなかったときには、国連の指揮のもとに各国が協力し、武力を用いて力づくでＡ国のおこないをやめさせることもできます。

このように平和を乱す行為をおこなった国に対して、ほかの国々が集団で圧力をかけることで、その国のまちがったおこないを正そうとするやり方を「集団安全保障体制」といいます。安保理のやり方は、この集団安全保障体制により、世界の平和を守ろうというものです。

拒否権の行使がくり返される

安保理はアメリカ、ロシア、イギリス、フランス、中国の計5か国からなる「常任理事国」と、「非常任理事国」10か国の計15か国で構成されています。常任理事国とは、期限がなく、ずっと理事国を務め続けられる国のことです。一方、非常任理事国の任期は2年で、さまざまな国が交代で理事国を務めています。

安保理では、ある提案に対して15か国のうち9か国以上が賛成したときに決議が成立します。ただし常任理事国のうち1か国でも反対すると否決になります。このことを拒否権行使といいます。

安保理がうまくいかない理由は、この「拒否権行使」がおこなわれるケースが多いことにあります。第二次世界大戦後、アメリカとソ連（今のロシア）は対立関係にありました。一時改善の兆しが見えたこともありましたが、今は再び関係が悪化しています。またアメリカと中国も対立しています。そのため安保理で重要な議案が話し合われた際に、どちらかが賛成すると、どちらかが反対するということが、何度もくり返されたのです。これでは集団安全保障体制が機能するはずがありません。

ちなみに常任理事国5か国の共通点は、いずれも第二次世界大戦に勝利した国であるということです。この5か国がリーダーとなって、戦後の世界の平和を守っていこうというのが安保理のプランでした。けれども実際には、そのプランではうまくいっていないわけですから、安保理の改革を求める声は高まっています。いちばんいいのは、5か国が持っている拒否権を廃止することでしょう。けれども、そんなことは5か国は絶対に認めようとはしません。自国の権利を手放すのはイヤだからです。

安保理の改革の必要性は、多くの人が感じていることです。でもいっこうに改革が進んでいません。

これまでの拒否権の発動回数

第二次世界大戦後、アメリカとソ連が対立する冷戦が始まると、両国は自国に都合の悪いことについて、たびたび拒否権を発動した。冷戦終結後は激減したが、近年世界情勢が不安定となる中で、再び増加している。

※岩本誠吾、戸田五郎著『はてなの国際法』（晃洋書房）をもとに作成

▶▶▶ 経済・政治・安全保障で協力！

ヨーロッパの国々が協力しEUを誕生させた

マーストリヒト条約（欧州連合条約）　欧州連合（EU）

石炭と鉄の共同管理から始まる

ヨーロッパでは、多くの国が「**欧州連合（EU）**」という国際機構に加盟しています。普通は国がちがえば通貨（たとえば日本は円、韓国はウォン）も異なるし、たとえお隣の国でも旅行をするときにはパスポートが必要になります。ところがEUに加盟している国々のあいだでは、ユーロという共通の通貨が使われており、ほかの国に入るときでもパスポートはいりません（一部例外の国もあり）。国内のいるときと同じ感覚で、買い物や旅行が楽しめるわけです。

EUが発足したのは1993年のことです。EU誕生までには、長い道のりがありました。まずはその道のりを振り返ってみます。

ヨーロッパは、第一次世界大戦と第二次世界大戦という二つの大きな戦争の戦場となったため、戦争が終わったときにはどの国もすっかり弱体化していました。そんな中で1952年、フランス、西ドイツ（今のドイツ）、オランダなど6か国が参加して、「欧州石炭鉄鋼共同体（ECSC）」が発足します。これは加盟国内にある石炭や鉄鋼を共同で管理しようというものでした。一つの国だけでは力が弱いため、複数の国で集まって協力し合うことで、産業力を高めることがねらいでした。

ECSCの発足は「平和の実現」という点でも、大きな意味を持っていました。フランスとドイツの国境沿いにあるアルザス・ロレーヌ地方は石炭や鉄の産出地だったため、昔からこの土地をめぐって何度も戦争がおこなわれていました。そこで石炭や鉄を奪い合うのではなく、共同で管理することで、戦争の原因を潰そうとしたわけです。

EUはこうして誕生した

第二次世界大戦でヨーロッパの国々は弱体化

↓ アメリカからの復興支援をもとに、経済力を高めるために協力がスタート

ECSC（欧州石炭鉄鋼共同体）
戦争の原因になりうる石炭・鉄鋼を共同管理するために、フランス・西ドイツ・イタリア・ベルギー・オランダ・ルクセンブルクの6か国で結成。

EEC（欧州経済共同体）
関税をなくしたり、労働者の移動を自由にしたりするなど経済の統合を目指してECSCの6か国で結成。

EURATOM（欧州原子力共同体）
将来的なエネルギー不足に対応するため、原子力の開発や管理、共有を目的にECSCの6か国で結成。

↓ 統合

EC（欧州共同体）
ECSC、EEC、EURATOMが統合されて、6か国で設立。

↓ 拡大

拡大EC
1973年にイギリス、アイルランド、デンマークが加盟、1980年代にギリシア、スペイン、ポルトガルが加盟し、12か国に拡大。

↓ 発展

EU（欧州連合）
冷戦終結後、1993年に成立。通貨の統一や、共通の外交政策、安全保障などを目的とする。

EFTA（欧州自由貿易連合）
EECに対抗して、イギリスを中心とした7か国で結成された。その後も新たに加盟する国はあったが、一方で脱退してECやEUに加盟する国も出たため、現在の加盟国はノルウェー・スイス・アイスランド・リヒテンシュタインの4か国。

1952年、石炭や鉄鋼を共同管理するECSCが発足して以降、機能や加盟国を拡大させてきた。1993年、EC加盟国がマーストリヒト条約に批准し、EUが誕生した。

※『日本と世界の今がわかるさかのぼり現代史』（朝日新聞出版）などをもとに作成

加盟国がどんどん増えていった

その後6か国は、関税（輸入品に課される税金のこと）の撤廃などにより加盟国内の経済を一つにすることをめざした「欧州経済共同体（EEC）」や、原子力の共同開発・管理をおこなう「欧州原子力共同体（EURATOM）」を設置。そして1967年にはECSC、EEC、EURATOMを一つに統合した「欧州共同体（EC）」を発足させました。ECにはその後、イギリスやスペインなどの国々も加わり、1986年には12か国になりました。

そして1993年、ECの加盟国が「マーストリヒト条約（欧州連合条約）」に批准したことによって、発足したのがEUです。マーストリヒト条約には、ECを発展させてEUをつくることや、共通の通貨を導入すること、共通の外交政策や安全保障政策（国や国民を守るための手段）を採用することが盛りこまれていました。

共通の通貨が導入されれば、本当の意味で経済は一つになります。また共通の外交政策を採用すれば、アメリカやロシアといった大国を相手に交渉するときでも、強い発言権を持つことができます。そして共通の安全保障政策を採用すれば、EU全体で一致団結しながら平和を守ることができます。

1993年に12か国から始まったEUは、その後、スウェーデンなどの北欧や、ポーランドなどの東欧の国々などを次々と仲間に加えていきました。そして今では27か国が加盟する巨大な国際機構になりました。

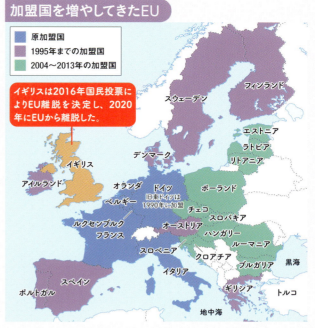

加盟国を増やしてきたEU

- 原加盟国
- 1995年までの加盟国
- 2004〜2013年の加盟国

イギリスは2016年国民投票によりEU離脱を決定し、2020年にEUから離脱した。

ECSC発足時の6か国を原加盟国、1995年までの加盟国はEU15か国、2004年以降の加盟国は新規加盟国と呼ばれる。2020年にイギリスがEUを離脱したため、2024年現在の加盟国は27か国。

マーストリヒト条約
（欧州連合条約）
Maastricht Treaty

調印	1992年
発効	1993年
締約国数	12か国（当時のEC全加盟国）

マーストリヒトはオランダの都市の名前。1991年、マーストリヒトでECの首脳会議が開かれたときに、参加国が条約の内容に合意したことから、この名前がつけられた。EU（欧州連合）の設立や、ヨーロッパ中央銀行を設立したうえで共通の通貨を導入すること、共通の外交・安全保障政策を採用すること、などの内容からなる。

欧州連合（EU）
European Union

設立	1993年
加盟国	27か国
拠点都市	ブリュッセル（ベルギー）、ストラスブール（フランス）、ルクセンブルク（ルクセンブルク）

ECを前身として1993年に発足。加盟国内の経済や通貨の統合、共通の外交政策や安全保障政策の実施、加盟国内の国民は欧州市民として域内を自由に移動・居住できる権利を有すること、などを創設の目的とする。最大時28か国が加盟していたが、2020年にイギリスが離脱したことで現在は27か国。

▶▶▶ EUはまるで一つの国!?

裁判所や議会など独自の統治機関を持つEU

`欧州理事会(EU首脳会議)` `欧州連合理事会(EU理事会)` `欧州議会` `欧州委員会` ほか

EUと加盟国の役割分担は?

EUは、「まるで一つの国のようだ」といわれることがあります。なぜならEUの中には**「欧州議会」**もあれば**「欧州司法裁判所」**もあるし、決まった政策を実行する政府のような**「欧州委員会」**もあるからです。そしてEU加盟国の多くが「ユーロ」という同じ通貨を使っています（19か国は導入、ほかは独自の通貨を使用）。

もちろんEUに加盟している各国の中にも、議会や裁判所や政府があり、それぞれ自国の中で法律をつくり、政策を定めてそれを実行しています。EUと各国の役割分担は、以下のようになっています。

❶EUだけに権限があること：通商政策（貿易の政策）や海洋生物資源の保護などについては、EUだけが法律をつくったり他国と協定を結んだりすることができます。

❷EUと国の両者に権限があること：エネルギーや環境、消費者保護についての政策。ただしこの分野についての法律をEUがつくった場合、各国はEU法と矛盾が起きないように、自国の法律を調整する必要が生じます。

❸国に権限があること：教育や観光政策など。EUはそれをサポートします。

反EUの運動が高まっている

EUは「ヨーロッパを一つにする」という理想にもとづいて出発しましたが、現在曲がり角に来ています。

EUでは一度入国審査を受ければ、加盟国内の自由な移動が認められています。そのため中東などの地域からの移民が増えたり、経済の状況が厳しい東欧諸国の人たちが西欧に移住するといったことが起きたりしました。これによりもともとその国に住んでいた人たちのあいだで「移民に仕事を奪われる」「自分たちの生活が乱される」という反発が高まり、反EUの運動が盛んになっているのです。2020年には、イギリスがEUから離脱するという出来事も起きました。

独自の機関を持つEU

EUの最高意思決定機関である欧州理事会のもとで、EU理事会・欧州委員会・欧州議会が連携して立案や具体的な政策を実施している。

欧州理事会（EU首脳会議）
全加盟国の首脳や欧州委員会委員長、常任議長が参加する最高意思決定機関。EUの方針や優先課題などを決定する。

欧州連合理事会（EU理事会）
加盟国の閣僚によって構成される立法機関。欧州委員会からの法案の提案を受け会議を開き、欧州議会に意見や同意を求め、立法の採択をおこなう。

欧州議会
加盟国の国民から選出された代表者で構成される。EU理事会と共同で立法権を持つほか、予算案の採択や欧州委員会の承認、解散を命じる権限を持つ。

欧州委員会
委員は加盟国27か国から1人ずつ任命される。法案の提案や、政策を実施する行政機関。EUの条約が守られているかを監視し、違反者を司法裁判所に提訴する役割もある。

`欧州中央銀行` `欧州司法裁判所` `欧州対外行動庁` など

欧州理事会 ⇄ 欧州連合理事会（協力・意見／意見を求める）
欧州連合理事会 → 欧州委員会（法案を提案）
欧州委員会 → 欧州連合理事会（法案の可否）
欧州議会 ⇄ 欧州委員会（法案を提案・報告／委員の任命）

※『ライブ! 2023 公共、現代社会を考える』（帝国書院）などをもとに作成

欧州理事会(EU首脳会議)
European Council

役割	首脳レベルの最高政治機関
本部	通常はブリュッセル(ベルギー)で会議を開催

EU全体の政治の方向性を決定する最高意思決定機関。加盟国の首脳(大統領や首相などの政府の代表のこと)、欧州委員会委員長、欧州理事会常任議長から構成され、年4回以上の会議が開かれる。欧州理事会議長はEU大統領とも呼ばれており、EU代表としてG7サミット(▶36ページ)などの国際会議に出席する。

欧州連合理事会(EU理事会)
Council of the European Union

役割	各国代表によって構成される議決機関
本部	ブリュッセル(ベルギー)

EUの立法(法律を定めること)や、具体的な政策に関する意思決定を担当している機関。法案やEU予算案の採択、国際協定の承認、税制や基本条約の制定、新加盟国の承認などをおこなう。メンバーは、EUに加盟している各国政府の閣僚(大臣)クラスより構成されている。議長国は半年ごとの持ち回りとなっている。

欧州議会
European Parliament

役割	選挙で選ばれた議員によって構成される議決機関
本部	事務局はルクセンブルク、通常の本会議はストラスブール(フランス)で開催

EU理事会と同じくEUの立法を担っており、EU理事会とともに法案やEU予算案の採択をおこなう。加盟国の国民からの選挙(5年に1回実施)によって選ばれた720名の議員により構成される。年12回の本会議のほか、臨時的な会議が開催されることもある。欧州委員会の承認や解散権の行使、欧州委員会委員長の承認などの権限も持つ。

欧州委員会
European Commission

役割	行政執行機関
本部	ブリュッセル(ベルギー)

EU理事会や欧州議会が決めた政策を実行する行政機関。EU理事会や欧州議会に対して、法案を提案する権限も持っている。そのほかEUの加盟国や各機関が、EUの法律や条約を守っているかを監視する役割も担っている。各加盟国から1人ずつ任命された27名の委員で構成されており、任期は5年となっている。

欧州対外行動庁
European External Action Service

役割	外交を担う機関
本部	ブリュッセル(ベルギー)

EUの外交を担当している機関であり、国でいうと外務省にあたる。EU共通の外交政策や安全保障政策の実施に取り組む。また世界各地に代表部(大使館にあたるもの)を設置している。トップを務める外務・安全保障政策上級代表は、EUの外務大臣の立場にあり、欧州委員会の副委員長を兼務している。

欧州司法裁判所
Court of Justice of the European Union

EU法や条約の、解釈や適用をめぐる疑問・対立が生じた際に判断をくだす。EU法や条約に違反している国が訴えられた場合、その裁判もおこなう。

欧州中央銀行
European Central Bank

EU共通の通貨であるユーロの発行や管理をおこなっているEUの中央銀行。ユーロを使用している国々の物価の安定を図ることを重要な使命としている。

▶▶▶ 小さな国でも団結すれば強い！

東南アジアの安定と経済発展をめざすASEAN

東南アジア諸国連合（ASEAN）　ASEAN地域フォーラム（ARF）　ASEAN+3　ASEAN+6

多様な国々で構成されている

東南アジアには11の国々がありますが、そのうち10か国が加盟しているのが「東南アジア諸国連合（ASEAN）」です。残りの1か国の東ティモールも加盟に意欲的であり、いずれは加盟国は11か国になりそうです。

東南アジアは小国が多く、それぞれの国の国力はけっして高くありません。そこでアメリカや中国などの大国を相手にしたときでも自分たちの意見を主張できるように、ASEANとして団結することにしたのです。

ただし東南アジアは、じつは一つにまとまるのがけっこう大変な地域です。国王が強い力を持っている国もあれば、軍が政治を動かしている国もあり、共和制の国もあれば社会主義国もあります。豊かな国もあれば貧しい国もあります。またこの地域に強い影響力を持っている中国に対して、中国寄りの国もあれば、中国と緊張関係にある国もあります。

経済協力に力を注いでいる

そこでASEANでは、「ゆるやかなつながり」を大切にしています。物事を決めるときも多数決ではなく、全会一致が原則です。「お互いに合意できることだけ合意して、一歩でも前進していくこと」を重視しているのです。

ASEANでもっとも進んでいるのが、経済面での協力です。2015年には「ASEAN経済共同体（AEC）」を発足させ、現在、加盟国内の関税の撤廃を進めているところです。商品を輸入したときにかけられる税金である関税がなくなれば、加盟国内の貿易がますます活発になっていくことが期待できます。

またASEANは、日本を含めた周りの国々との経済協力にも積極的です。いろいろな国との貿易が盛んになれば、ASEANの経済も発展が期待できるからです。具体的には**ASEAN+3**や**ASEAN+6**などの経済協力の枠組みを設けています。

原加盟国はインドネシア、マレーシア、フィリピン、シンガポール、タイの5か国。その後、順次ブルネイ、ベトナム、ラオス、ミャンマー、カンボジアが加盟し、現在10か国が加盟している。

ASEAN加盟国の首脳たち
2023年にインドネシアで開催されたASEAN首脳会議の集合写真。

東南アジアの枠をこえる協力関係（2024年）

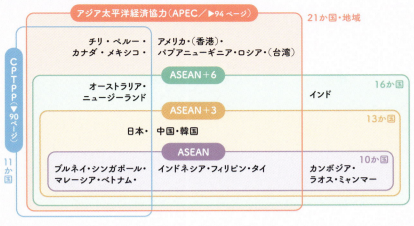

協力関係は東南アジアからアジア・太平洋全体へと広がっているんだね

ASEANは日本や中国をはじめとする周辺国とも協力関係を築き、経済の安定や紛争・戦争の予防をはかろうとしている。APECやCPTPPなどの経済的な枠組みにも、ASEAN諸国が多く加盟している。

東南アジア諸国連合（ASEAN）
Association of South East Asian Nations

設立	1967年
加盟国	10か国
本部	ジャカルタ（インドネシア）

1967年の発足時には、インドネシアやマレーシアなどの5か国からのスタートだったが、1990年代に入り加盟国を次々と増やしたことにより、ほぼ東南アジア地域全体をカバーする地域国際機構になる。経済、政治、安全保障、軍事、教育、社会文化の地域統合をめざしている。経済を中心に他地域との関係強化にも積極的。

ASEAN地域フォーラム（ARF）
ASEAN Regional Forum

開催	1994年〜
日本参加	1994年
参加国	その年の議長国となった国で開催

ASEAN10か国と、ASEANを取りまく国々（日本、韓国、北朝鮮、中国、アメリカ、ロシアなど）が集まり、安全保障問題について話し合う場。1994年より開催。参加国の信頼関係の構築や、予防外交（国家間の争いや衝突が起きるのをあらかじめ防ぐこと）の進展、紛争が起きたときの解決方法の充実、などを目的としている。

ASEAN＋3
ASEAN Plus Three

開催	1997年〜
日本参加	1997年
参加国	ASEAN10か国＋3か国

1997年に起きたアジア通貨・経済危機（アジア各国の通貨の価値が急激に落ちた出来事）の対策を話し合うために、ASEAN首脳会議に日本・中国・韓国の首脳が招待されたことをきっかけにスタート。金融や食糧問題などさまざまな問題をテーマに、首脳会議は1997年以降、外務大臣会議は2000年以降、毎年1回開催されている。

ASEAN＋6
ASEAN Plus Six

開催	2005年〜
日本参加	2005年
参加国	ASEAN10か国＋6か国

「ASEAN＋3」にインド太平洋地域に位置するオーストラリア、ニュージーランド、インドを加えて2005年よりスタート。この地域の自由貿易の促進や経済協力のあり方について話し合ってきた。2022年には、この「ASEAN＋6」の国々を参加国とした「地域的な包括経済連携（RCEP）協定」（▶90ページ）が発効されたが、インドは不参加。

▶▶▶ 深まる地域間のつながり

世界にはどのような地域機構があるの？

| アフリカ連合（AU） | アラブ連盟 | イスラーム協力機構（OIC） | 上海協力機構（SCO） | ほか |

幅広いテーマを扱う地域機構

ここまで解説してきた「欧州連合（EU）」と「東南アジア諸国連合（ASEAN）」は、それぞれヨーロッパと東南アジアという地域単位で結成されている国際機構です。このようにある地域の国々のみを対象にしている国際機構のことを「地域機構」といいます。

地域機構には、EUやASEANのように政治や経済、安全保障など、多様なテーマを扱っている機構もあれば、「CPTPP」（▶90ページ）のように、経済を専門にしている機構や、「北大西洋条約機構（NATO）」（▶52ページ）のように、安全保障を専門にしている機構もあります。専門的な地域機構については、ほかのページで解説するとして、このページではさまざまなテーマを扱っているタイプの地域機構を紹介します。

下の地図は、幅広いテーマを扱っている主な地域機構を示したものです。世界中のほとんどの地域に、何らかの地域機構があることがわかります。じつは日本、韓国、中国などがある東アジアでも、東アジア共同体という地域機構をつくろうという案が出たことがありましたが、まだ実現していません。

AUも共通の通貨の導入を計画

こうした地域機構の中でも、特に注目されている機構の一つに、「アフリカ連合（AU）」があります。AUがめざしているのは、EUのように、アフリカのさまざまな国々を政治面・経済面で一つにまとめることです。EUに議会や裁判所があるように、AUも全アフリカ議会やアフリカ人権裁判所を設置しています。またユーロのように、アフリカで共通に使える通貨の導入も計画しています。

世界各地にあるこれらの地域機構が発展していくことで、国連と協力しながら平和の実現や人権問題の解決、経済の発展などが進んでいくことが期待されます。

世界のさまざまな地域機構（2024年）

各機構の目的や活動などは、右ページで紹介するよ

アフリカ連合（AU）
African Union

設立	2002年
加盟国	55か国・地域
本部	アディスアベバ（エチオピア）

EUをモデルにして、アフリカの国々の政治的・経済的統合をめざしている。EUと同じく議会（全アフリカ議会）や行政機関（AU委員会）、裁判所（アフリカ人権裁判所）を設置しており、共通通貨の導入もめざしている。また加盟国内での戦争犯罪や虐殺を防止するための組織として、平和・安全保障理事会が設置されている。

アラブ連盟
League of Arab States

設立	1945年
加盟国	22か国・地域
本部	カイロ（エジプト）

第二次世界大戦中の1945年3月、欧米の国々に支配されていたアラブ地域（アラブ人が多く暮らす地域）の独立を支援することを目的に設立された。地域内の紛争の解決や、経済・教育・文化面等での加盟国間の関係強化などに取り組んできたが、近年は加盟国の意見の対立がはげしくなっており、役割を十分に果たせなくなっている。

イスラーム協力機構（OIC）
Organisation of Islamic Cooperation

設立	1971年
加盟国	57か国・地域
本部	ジッダ（サウジアラビア）

イスラーム諸国の関係強化や、独立の支援を目的に設立。一般的にはイスラーム諸国とは、イスラーム教徒が多く暮らしている国々のことをいうが、加盟国の中にはイスラーム教徒の比率が低い国もある。付属の機関として、イスラーム教の教えに則って、社会事業への融資を無利子でおこなうイスラーム開発銀行を持っている。

上海協力機構（SCO）
Shanghai Cooperation Organization

設立	2001年
加盟国	10か国
本部	北京（中国）

中国とロシアが中心となって設立された地域的機構。ユーラシア大陸に位置にする10か国が加盟。政治・経済・文化・安全保障など幅広い分野での協力を目的にしているが、この地域でのテロ防止や麻薬対策にも力を注ぐ。また毎年のように合同軍事演習をおこなっている。2024年7月、ロシアと同盟関係にあるベラルーシが加盟。

南アジア地域協力連合（SAARC）
South Asian Association for Regional Cooperation

設立	1985年
加盟国	8か国
事務局	カトマンズ（ネパール）

南アジア8か国による地域的機構。南アジア諸国の国民の福祉の増進、経済問題や社会問題の改善、文化面の協力などを目的としている。SAARCの加盟国が話し合い、加盟国内の関税を引き下げる「南アジア自由貿易圏」（SAFTA）や、女性・児童の人身売買防止に関する地域協定の締結などが実現した。

米州機構（OAS）
Organization of American States

設立	1951年
加盟国	35か国
本部	ワシントンD.C.（アメリカ）

南北アメリカ大陸にある国々のほとんどが加盟している地域機構。加盟国間の紛争の防止や紛争になったときの平和的解決、侵略に対する共同行動、加盟国間の政治や法律、経済問題の解決を目的としている。近年は公正な選挙がおこなわれているかを監視する活動など、加盟国内の民主主義の確立や維持に特に力を入れている。

▶▶▶ 主要国のトップが集まる！

G7やG20のサミットでは何が話されているの？

`G7サミット` `G20サミット`

会議の議題が広がっていった

「G7」とは、世界の中でも経済が発展しており、先進国と呼ばれている7か国（アメリカ、イギリス、フランス、ドイツ、日本、イタリア、カナダ）に欧州連合（EU）を加えた国・機構が参加しておこなわれる会議・枠組みのこと。また「G20」とは、G7の7か国＋EUに、ロシアやインド、韓国など12か国を加えた会議・枠組みのことです。G7とG20の会議には、大きく各国の首脳（大統領や首相）によっておこなわれる首脳会議（サミット）と、財務省・中央銀行総裁会議の二つがあります。ちなみにG7やG20の「G」とは、Group（グループ）の頭文字をとったものです。

G7とG20のうち、歴史が古いのはG7のほうです。1970年代初め、世界経済がひどく悪化した時期がありました。そこで1975年、アメリカ、イギリス、フランス、ドイツ、日本、イタリアの首脳が集まり、世界経済の問題について話しあうためのサミットが開かれました。1976年のサミットからは、カナダも参加したことにより参加国は7か国に。さらに1977年からは、EUの前身であるEC（欧州共同体）も加わりました。またサミットの議題は、当初は経済問題だけでしたが、1980年代以降は政治問題や国際問題についても話し合われるようになりました。

G7は、1997年にはロシアが正式にメンバーとして加わったことにより、G8になっていた時期もありました。しかし2014年、ロシアがウクライナのクリミア半島の併合（自国の領土に組みこむこと）を一方的に宣言して以降、ロシアの参加は停止され、再びG7に戻っています。

先進国と新興国が参加

一方G20は、1990年代後半にアジアで大きな経済危機（アジア通貨危機）が起きたのを

2023年に広島で開催されたG7サミット
主要7か国の首脳とEUの代表者に加え、ウクライナのゼレンスキー大統領も参加。ロシアのウクライナ侵攻や、核兵器の軍縮などについて話し合われた。

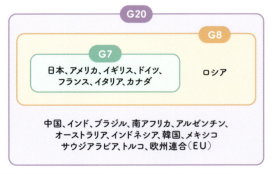

G7、G8、G20の枠組み

G7：日本、アメリカ、イギリス、ドイツ、フランス、イタリア、カナダ
G8：G7＋ロシア
G20：中国、インド、ブラジル、南アフリカ、アルゼンチン、オーストラリア、インドネシア、韓国、メキシコ、サウジアラビア、トルコ、欧州連合（EU）

G7やG8だけでは国際課題への対応が難しくなってきたことから、中国やインドなどの新興国を加えたG20が誕生した。G20サミットは2008年から定例会議となり、存在感を増している。

きっかけに、1999年より財務大臣・中央銀行総裁会議がまずスタートしました。そして2008年からは、20か国の首脳が集まって話し合うサミットも始まりました。G20サミットで話し合われる議題は、貿易・投資、開発、環境、気候・エネルギー、保健、デジタル、テロ対策などさまざまです。

　G20の特徴は、もともと経済が発展していた7か国に加えて、近年いちじるしい経済発展を遂げている新興国や、石油などが豊富にある資源国も参加していることです。その国の経済力を示す指標としてGDP（国内総生産）というものがありますが、G20の国々のGDPを合わせると、世界のGDPの8割以上に達します。そのため今ではG20サミットは、経済問題や経済協力について話し合うもっとも重要な場になっています。

　G7もG20も、そこで話し合われて合意したことが、その後の国際経済や政治のゆくえを左右するため、開催期間中には世界中から大きな注目を集めます。また各国の首脳がいっせいに同じ場所に集まるまたとない機会であるため、全体の会議とは別に、2国間による首脳会議もさかんにおこなわれます。

G7サミットの歴史

経済問題を議題として始まったG7だが、やがて世界的な政治問題や環境問題など、幅広い内容が話し合われるようになった。

開催年	開催地	おもな議題やできごと
1975年 （第1回）	ランブイエ （フランス）	1973年に第1次石油危機が起こり、経済が悪化。対策などを話し合うため、アメリカ・イギリス・フランス・西ドイツ・イタリア・日本の6か国によるサミットが設立された。
1976年 （第2回）	プエルトリコ （アメリカ）	カナダが参加し、G7体制となる。
1986年 （第12回）	東京（日本）	経済問題を話し合う場として財務大臣・中央銀行総裁会議が設立される。
1997年 （第23回）	デンバー （アメリカ）	ロシアが正式参加し、G8体制となる。
2014年 （第40回）	ブリュッセル （ベルギー）	ロシアがウクライナ領のクリミア半島併合を強行したことを受け、G8から除外され、G7体制に戻る。サミットでは、ウクライナ問題や東アジア情勢について議論された。
2016年 （第42回）	伊勢志摩 （日本）	安倍首相を議長として、世界経済の安定化や地球温暖化などの環境問題、中国の海洋進出などについて話し合われた。
2020年 （第46回）	オンライン 会議 （アメリカ）	新型コロナウイルス感染症の拡大防止策などについて、オンライン会議で意見が交わされた。
2022年 （第48回）	エルマウ （ドイツ）	ロシアによるウクライナ侵攻への対応や、エネルギー価格の上昇について話し合われた。
2023年 （第49回）	広島 （日本）	ウクライナのゼレンスキー大統領が出席し、ロシアによるウクライナ侵攻について議論された。また、核兵器のない世界を目指すため「核軍縮に関するG7首脳広島ビジョン」という文書がつくられた。

※『最新図説現社』（浜島書店）

G7サミット
G7 Summit

開始	1975年
日本参加	1975年
会議場	その年の議長国となった国で開催

先進国7か国の首脳とEUの首脳が集まり、年1回開催される会議。国際政治や経済、社会課題など、その時期に重要な問題となっているさまざまなテーマを議論する。日本はこれまで7回議長国となっており、2023年サミットは広島で開催。ウクライナ情勢や核軍縮、気候変動、AIをめぐる問題などが話し合われた。

G20サミット
G20 Summit

開始	2008年
日本参加	2008年
会議場	その年の議長国となった国で開催

G7に12か国とEUを加えた首脳代表が集まり、年1回開催される会議。経済問題や気候変動問題などの今世界で起きている問題はG7だけでは解決が難しいため、近年はますますG20の重要性が高まっている。2023年に開催されたG20サミットにおいて、アフリカ連合（AU）を正式なメンバーとしてむかえることが決まった。

国際社会のはてな？

グローバルサウスって何?

世界経済の新たな主役「グローバルサウス」の存在感が高まっている。しかしさまざまな問題も抱えている。

急速な勢いで成長する国々

近年、新聞やテレビのニュース番組などで、「グローバルサウス（Global South）」という言葉を目にする機会が増えています。グローバルサウスとは、アジアやアフリカ、南アメリカなどにある開発途上国（まだ十分に経済や社会が発展していない国）のことを指した言葉です。アメリカや日本などの先進国と比べて、南のほうにある国が多いので、グローバルサウスと呼ばれています（Globalは「全世界的な」、Southは「南」という意味です）。以前は中国もグローバルサウスの一員とされていましたが、最近は中国を含めずに使われるケースが増えています。

21世紀に入るまで、グローバルサウスの国々は、なかなか国が豊かにならない状況が続いていました。ところが近年、急速な勢いで経済成長をとげる国が出てきました。その代表国がインドです。国の経済力を示す指標であるGDP（国内総生産）をみると、現在インドは世界5位です。ちなみに4位は今のところ日本なのですが、日本がインドに抜かれるのは、時間の問題とされています。

急速な経済成長によって、グローバルサウスの国々が世界経済にあたえる影響力は、以前とは比べものにならないほど大きなものになりました。これがグローバルサウスが注目を集めているいちばんの理由です。

豊かになる国がある一方で……

ただしグローバルサウスの中には、今もまだ経済成長をとげられていない国が数多くあります。特に「後発開発途上国」と呼ばれる国々の状況は深刻です。生きていくために必要な最低限の食料や水さえ人びとに十分に行きわたらず、病院や薬も不足しているため、多くの人たちが栄養失調や病気で命を落としています。一方で経済発展を遂げている国では、どんどん豊かになっていく人たちと相変わらず貧しいままの人たちとのあいだの格差が進んでいます。これらの問題を解決することが急務となっています。

グローバルサウスの国々は、外交面でもむずかしい選択を迫られています。今世界ではアメリカやEU、日本などの国々と、ロシアや中国などの国々との対立がはげしくなっています。どちらの陣営も、グローバルサウスの国々を自分たちの味方に取りこもうと必死です。とくにロシアや中国は、BRICSという会議を通じて接近を図っています。しかしグローバルサウスの多くの国々は、二つの陣営の対立にまきこまれないように、慎重な姿勢を取り続けています。今後の国際情勢を占う際にも、グローバルサウスの動きから目を離すことができなくなっています。

ロシアと中国がグローバルサウスに接近
欧米諸国に対抗したいロシアと中国は、ブラジルやインド、南アフリカ共和国などと開催した「BRICS」の首脳会議に、多くのグローバルサウスの国々を招き、接近をはかっている。写真は2023年のBRICS首脳会議の様子。

第3章
戦争や兵器のルール

第3章では戦争のルールを知り、世界で起こっている戦争の現状を見つめ直そう

　みなさんは「戦争にもルールがある」ことをご存知でしょうか。たとえば国連の基本的なルールを定めた国連憲章では、他国から攻撃(こうげき)された場合などのやむを得ないケースを除き、国連加盟国が武力を行使することや、武力をちらつかせて他国をおどすことを禁止しています。また、もし戦争になったときにも、民間人に危害を加えないことや、化学兵器や生物兵器を使わないことなどを定めた条約が結ばれています。
　第3章では、こうした「戦争に関するルール」について見ていきます。ただし実際には、これらのルールを無視した戦争がおこなわれているのが現状です。「どうして国際社会は、戦争のルールを守ることができないのか」を考えながら、この章を読んでいただければと思います。

▶▶▶ 戦争にもルールがある❶

戦争で禁止されていることとは何か？

ジュネーヴ諸条約 　ジュネーヴ諸条約追加議定書

武力行使が許される場面とは

　22ページでも述べたように、国連憲章では「武力によるおどしや、武力を行使してはいけないこと」を定めています。つまり国連に加盟している国々は、戦争はもちろんのこと、武力をちらつかせて相手の国をおどすことも禁止されているわけです。これを武力不行使原則といいます。

　ただし、この原則には例外があります。まず自分の国が他国から攻撃されたときに、自国を守るために武力を用いることは認められています。また集団的自衛権といって、ある国が攻撃されたとき、その国から助けを求められたほかの国が、攻撃された国を守るために武力を用いることも認められています。さらには国連安保理が、他国への軍事侵攻などをおこなっている国に対して、平和や安全を回復するために必要だと判断した場合には、武力の使用が認められています（◀26ページ）。

「戦争のルール」を定めた条約

　国連憲章の中に武力不行使の原則が定められているにもかかわらず、現実には世界から戦争がなくなる様子はまったくありません。またこの原則は、国と国とのあいだの戦争を対象としたものであり、国内で起きている内戦（政府軍対反政府軍の戦いなど）についてはあてはまりません。

　そこで大切になるのが、万が一戦争や内戦が起きてしまったときに、できるだけ被害を最小限におさえるための「戦争のルール」をあらかじめ定めておくことです。具体的には「ジュネーヴ諸条約」や、条約の内容をさらに充実させた「ジュネーヴ諸条約追加議定書」という条約で、ルールが定められています。

　このルールでは、まず戦闘に参加していな

戦争にもルールがある

❶民間人や戦闘に参加していない相手への攻撃は禁止
❷戦争に関係のある場所以外（特に住宅・病院・学校・文化財など）への攻撃は禁止
❸不必要な苦痛をあたえる生物兵器や化学兵器など、非人道的な兵器の使用は禁止（▶42ページ）

40

い一般市民への攻撃が禁止されています。戦争は軍隊同士の戦いであり、一般の人をまきこんではいけないという考え方によるものです。また兵士についても、ケガや病気で戦えない人や、捕虜（敵に捕まった兵士のこと）になった人への攻撃は禁じられています。ケガや病気をしている人には適切な医療をおこない、捕虜に対しては食事や住居を提供することが求められています。

さらには「攻撃してもよい場所」と「攻撃してはいけない場所」のルールも定められています。攻撃してもいいのは、軍事基地や武器の貯蔵庫、武器の製造工場など、戦争に関係ある場所に限られており、それ以外の場所を攻撃目標にすることは禁止されています。

特に保護が求められているのが、病院や学校、礼拝所、文化財などです。これらは、その地域の人びとが生存・生活していくうえで、とても大切な場所だからです。

しかし現実の戦争では、ジュネーヴ諸条約のルールは破られることがよく起きます。アメリカと北ベトナム（現在のベトナム）が戦ったベトナム戦争（1964年～1975年）では、アメリカ軍の兵士が、北ベトナムの農村を焼き払ったり、農民を殺害したりしたために国際問題となりました。2022年から続くロシアとウクライナの戦争でも、ロシア軍はウクライナの病院や学校を標的にした攻撃をくり返しています。ジュネーヴ諸条約の理念が、大切にされていない状況が続いています。

イスラエル・ガザ戦争における悲劇
2023年10月に勃発したイスラエル・ガザ戦争では、ガザ地区における非戦闘エリアへの空爆や民間人の殺害など、多くのジュネーヴ諸条約に違反する行為が指摘されている。

最低限のルールぐらい守ろうよ！

ジュネーヴ諸条約
Geneva Conventions

調印	1949年	発効	1950年
日本発効年			1953年
締約国数			196か国・地域

第1条約から第4条約まで、4つの条約から成り立っていることからジュネーヴ"諸条約"と呼ばれている。「ケガや病気になった兵士を保護すること」「兵士の治療に携わる医療スタッフや病院船を攻撃してはいけないこと」「捕虜になった兵士を保護すること」「戦闘に携わっていない一般の人を保護すること」が定められた。

ジュネーヴ諸条約追加議定書
Protocols Additional to the Geneva Conventions of 12 August 1949

調印	1977年	発効	1978年
日本発効年			2005年（第1、第2ともに）
締約国数			第1は174か国・地域、第2は169か国・地域

1950年に発効したジュネーヴ諸条約の内容を、より充実させることを目的につくられた議定書（条約を補う取り決め）。国と国との戦争や紛争を対象にした第1議定書と、内戦や内乱などの国内の紛争を対象にした第2議定書からなる。戦闘に携わっていない一般の人の保護のために、攻撃してはいけない場所が具体的に定められた。

▶▶▶ 戦争にもルールがある❷

残酷で非人道的な兵器の使用を禁止する条約

`化学兵器禁止条約` `生物兵器禁止条約` `対人地雷全面禁止条約` `クラスター爆弾禁止条約`

人を苦しめる化学・生物兵器

戦争では、相手の軍隊を倒すことで勝利を収めることをめざします。ただし勝つためであれば、どんな兵器を使ってもいいわけではなく、使ってはいけない兵器についてのルールが定められています。たとえば化学兵器は「化学兵器禁止条約」で、生物兵器は「生物兵器禁止条約」で、使うことだけでなく、つくることや持つことも禁止されています。

化学兵器とは、毒ガスなどの人体に有害な化学物質を用いた兵器のこと、生物兵器は細菌やウイルスなどを使った兵器のことです。

これらの兵器が禁止されている理由は、大きく二つあります。一つはその兵器を使うと、敵の兵士だけでなく、戦場の近くにいる民間人にまで危害を加えてしまうおそれがあることです。40ページで述べたように、民間人への攻撃は「ジュネーヴ諸条約」で禁止されています。もう一つの理由は、それらがあまりにも残酷な兵器であることです。化学兵器や生物兵器を体に浴び、体内に入れてしまった人は、苦しみにのたうち回りながら死をむかえることになります。

禁止条約に批准しない大国も

化学兵器や生物兵器以外にも、対人地雷は「対人地雷全面禁止条約」、クラスター爆弾は「クラスター爆弾禁止条約」によって、つくること、持つこと、使うことが禁止されています。

このうち対人地雷は、地上や地中に設置されており、踏んだり触ったりすると爆発します。手のひらサイズの小さな地雷もあり、缶詰やおもちゃだとかんちがいして触ろうとした子どもが被害にあうケースが多く見られます。またクラスター爆弾は、1個の爆弾の中に多くの子爆弾が入っており、爆弾が広い範囲に落ちていくため、民間人に危害をあたえる可能性が高い爆弾です。

残念なことにアメリカやロシア、中国は、対人地雷全面禁止条約とクラスター爆弾禁止条約のどちらにも批准していません。クラスター爆弾は、2022年から続いているロシアとウクライナの戦争でも使われています。

第一次世界大戦の戦場
第一次大戦では新兵器として史上初めて毒ガスが使用され、兵士は警報時にはガスマスクをつけて戦わざるを得なかった。

毒ガスの噴射機
第一次大戦で使用された毒ガスは、吸うと数分も経たないうちに咳きこみ、吐血し、人によっては死に至るような兵器だった。

クラスター爆弾とは？

子爆弾が広範囲にばらまかれるため、広いエリアが被害を受けることになる。また、爆発せずに地上に残った子爆弾を、それと知らずに子どもたちが手にして爆発したという被害も出ている。

化学兵器禁止条約
Chemical Weapons Convention

調印	1993年
発効	1997年
日本発効年	1997年
締約国数	193か国・地域

化学兵器の開発・生産・使用・貯蔵を禁止。すでに存在している化学兵器や化学兵器生産施設は、原則10年以内に廃棄。また違反の疑いのある施設については、受入国の了解がなくても査察をおこなえる。イスラエルや北朝鮮、エジプトは条約に批准しておらず、シリアは批准国だが、内戦において化学兵器を使用した疑いがある。

生物兵器禁止条約
Biological Weapons Convention

調印	1972年
発効	1975年
日本批准	1982年
締約国数	185か国・地域

生物兵器の開発・生産・使用・貯蔵・保有を禁止。ただし化学兵器禁止条約とは異なり、締結国が条約を守っているかどうかを検証する方法についてのルールが定められておらず、査察等をおこなう実施機関もないことが課題となっている。シリア、イスラエル、エジプト、ソマリアなどの国々は、条約に批准していない。

対人地雷全面禁止条約
Convention on the Prohibition of Anti-Personnel Mines

調印	1997年
発効	1999年
日本発効年	1999年
締約国数	164か国・地域

対人地雷の使用・開発・生産・取得・貯蔵・保有・移譲を禁止。複数のNGO団体によって結成された「地雷禁止国際キャンペーン」の活動が実を結び、条約実現に結びついた。ただし米・ロ・中などの国々は条約に批准しておらず、今も地雷の被害は続いている。

クラスター爆弾禁止条約
Convention on Cluster Munitions

調印	2008年
発効	2010年
日本発効年	2010年
締約国数	112か国・地域

クラスター爆弾の使用・開発・生産・保有・移譲を禁止。この条約も複数のNGO団体が連携しながら活動をおこない、またノルウェー政府がリーダーシップを発揮したことにより、条約調印が実現した。ただしクラスター爆弾を生産・保有している米・ロ・中などは条約に批准しておらず、今も戦場では爆弾が使われ続けている。

▶▶▶ 核兵器を減らす／なくす取り組み❶

核兵器を減らす取り組みがあまり進まないのはなぜか？

核兵器不拡散条約(NPT)　国際原子力機関(IAEA)　部分的核実験禁止条約(PTBT)　ほか

核兵器の開発競争が始まった

1945年8月、世界で初めて原爆（核兵器）の開発に成功したアメリカは、当時戦争をしていた日本の広島と長崎に原爆を投下。広島では約14万人、長崎では7万人以上もの人びとの命が奪われました。

その4年後には、ソ連（今のロシア）も核兵器の開発に成功します。当時アメリカとソ連ははげしく対立していたため、相手国よりも優位に立つために、核兵器の開発競争が始まりました。さらにはイギリスやフランス、中国も核開発に成功し、核保有は5か国に。このころには核兵器の威力もさらに強大なものとなっており、その量と破壊力は人類を何度も絶滅させられるほどに達していました。

うまくいかない核兵器の削減

そんな中で1970年に発効したのが、「核兵器不拡散条約(NPT)」でした。これは「すでに核兵器を保有している5か国以外は、核兵器の保有を禁止する。また5か国も核兵器を減らすことに努める」というものでした。核保有国の増加は核戦争の危険性を高めるため、これを抑えようとしたのです。しかしその後も、最初から条約に参加しなかったインドとパキスタン、また途中で条約から離脱した北朝鮮などの国々が、核実験を成功させて核保有国になりました。ですからNPTは、けっしてうまくいっているとはいえません。

核保有国の中でも、圧倒的に多くを保有しているのがアメリカとロシアです。両国は、中距離核ミサイルの廃棄をめざした「中距離核戦力(INF)全廃条約」や、核兵器の削減をめざした「新戦略兵器削減条約(新START)」を結びましたが、INF全廃条約は2019年にアメリカが離脱を表明、新STARTは2023年にロシアが履行停止（条約の実行の一時的な停止）を表明しました。現在、核兵器が削減される見通しは立たなくなっています。

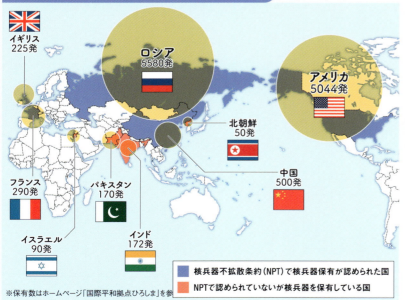

世界の核兵器保有国と保有数（2024年時点）

- イギリス 225発
- ロシア 5580発
- アメリカ 5044発
- フランス 290発
- パキスタン 170発
- 北朝鮮 50発
- 中国 500発
- イスラエル 90発
- インド 172発

■ 核兵器不拡散条約(NPT)で核兵器保有が認められた国
■ NPTで認められていないが核兵器を保有している国

※保有数はホームページ「国際平和拠点ひろしま」を参照

現在、世界の核兵器の総数は約1万2500発程度とされ、そのうちの9割以上をアメリカとロシアが保有している。総数は1980年代半ばのピークのときに比べると5分の1程度に減っているが、それでも人類を何度も絶滅させるほど残っていることにかわりはない。

核兵器不拡散条約（NPT）
Treaty on the Non-Proliferation of Nuclear Weapons

調印	…1968年	発効	…1970年
日本批准			…1976年
締約国数			…191か国・地域

核兵器を保有できるのはアメリカ、ロシア（旧ソ連）、イギリス、フランス、中国の5か国だけとし、そのほかの国が核兵器を新たに持つことや、保有国が非保有国に核兵器を譲ることを禁止した条約。また非保有国は、国際原子機関による査察（核兵器を開発していないかどうかの検査）を受け入れる義務がある。

国際原子力機関（IAEA）
International Atomic Energy Agency

設立	…1957年	加盟国数	…179か国
日本加盟			…1957年
本部			…ウィーン（オーストリア）

国連の関連機関の一つ。原子力の平和利用を進めることを目的に設立された。核拡散防止条約（NPT）においては、非保有国が原子力発電に使用される核物質（ウランやプルトニウムなど）を核兵器の開発に利用していないかを査察できる権限を持つ。ただしNPTに加盟していない国に対しては査察ができないという限界がある。

部分的核実験禁止条約（PTBT）
Partial Test Ban Treaty

調印	…1963年	発効	…1963年
日本発効年			…1964年
締約国数			…125か国

大気圏内や宇宙空間、水中での核実験を禁止した条約。核実験によって放射性物質が環境中に放出され、地球環境や人体に深刻な影響を及ぼしていたことへの対応策として締結された。ただし地下核実験は禁止の対象外となった。そのため当時すでに地下核実験技術を持っていたアメリカとソ連に有利な条約だという批判もあった。

包括的核実験禁止条約（CTBT）
Comprehensive Nuclear-Test-Ban-Treaty

調印	…1996年	発効	…未発効
日本批准			…1997年
締約国数			…187か国が調印、178か国が批准

PTBTでは禁止されていなかった地下核実験を含め、すべての核実験を禁止した条約。条約が正式に効力を持つには、発電用や研究用の原子炉を持つ44か国の批准（承認）が必要だが、まだ36か国しか批准していない。北朝鮮、インド、パキスタンは条約に賛成の署名さえしておらず、アメリカは署名はしたものの批准していない。

中距離核戦力（INF）全廃条約
Intermediate-Range Nuclear Forces Treaty

調印	…1987年	発効	…1988年
失効			…2019年
締約国			…アメリカ、ソ連・ロシア

中距離核ミサイル（核弾頭を搭載し、500〜5500km飛行するミサイル）の数をゼロにすることをめざして、アメリカとソ連（のちにロシア）が結んだ条約。しかしアメリカは2019年、「ロシアは条約を守っておらず、ミサイルをつくり続けている」として条約からの離脱を表明。条約は失効（条約が終了すること）となった。

新戦略兵器削減条約（新START）
New Strategic Arms Reduction Treaty

調印	…2010年
発効	…2011年
締約国	…アメリカ、ロシア

アメリカとロシアの両国が、戦略核弾頭（長距離ミサイルなどに搭載される核爆弾のこと）の配備数を1550発に削減することなどで合意し、結ばれた条約。だがロシアのプーチン大統領は2023年2月、条約の履行停止（条約の実行の一時的な停止）を表明。再び核弾頭の配備数が増えることが心配されている。

▶▶▶ 核兵器を減らす／なくす取り組み❷

核をつくること、使うことを禁止している地域がある

核兵器禁止条約　　ラテンアメリカ及びカリブ核兵器禁止条約　　南太平洋非核地帯条約　ほか

日本は核兵器をなくしたくない!?

44ページでは、核兵器を持つ国をこれ以上増やさないための条約（核兵器不拡散条約）や、核弾頭の数を抑えるための条約（新戦略兵器削減条約）を紹介しました。そんな中で2021年、核兵器に関する画期的な条約が発効しました。**「核兵器禁止条約」**です。

この条約の特徴は、核兵器を減らすとか増やさないといったレベルではなく、つくることや持つことや使うこと自体を全面的に禁止したことです。2024年10月現在、73か国が条約に批准しています。

ただし条約はできましたが、残念ながら世界から核兵器がなくなる様子はありません。アメリカやロシアといった核兵器を持っている国が、いずれも条約に批准していないからです。批准しなければ、条約を守る義務は発生しません。ちなみに日本も、条約に批准していない国の一つです。日本政府はアメリカの核兵器による守りを頼りにしており、今核兵器がなくなると、日本の平和がおびやかされると考えているからです。

核のない世界を実現した中南米

このように世界から核兵器をなくすのは、まだまだ難しいようです。ただし中南米では、**「ラテンアメリカ及びカリブ核兵器禁止条約」**に、この地域のすべての国が批准しているため、核兵器のない世界を実現しています。しかも条約の中に「核兵器を持っている国も中南米の国々には核兵器を使わない」という文章を盛りこんだうえで、アメリカやロシアなど核保有5か国と交渉をおこない、この5か国にも条約に批准させることに成功しました。こうして中南米は、核保有5か国から核攻撃を受ける不安がなくなったわけです。

現在中南米以外に、南太平洋、東南アジア、アフリカ、中央アジア、南極で核兵器の保有や使用を禁止した条約が発効しています。左の地図と右ページで紹介します。

核兵器の所有や使用を禁止しているエリア

複数の国家が条約を結び、核兵器の所有や配備、使用を禁止している地域を「非核地帯」と呼ぶ。地図を見ると、南半球のほとんどの地域が「非核地帯」になっていることがわかる。

※『2024ズームアップ政治・経済資料』（実教出版）などをもとに作成

核兵器禁止条約
Treaty on the Prohibition of Nuclear Weapons

調印	2017年
発効	2021年
締約国数	73か国・地域

「核兵器が再び使用されないためには、核兵器を廃絶するしかない」として、核兵器をつくること、持つこと、使うことを禁止した条約。また他国が核兵器の開発や使用をおこなおうとしているときに、その支援をすることも禁じられている。ただし現時点は核兵器を保有しているとされる9か国は、いずれも条約に批准していない。日本も未批准。

ラテンアメリカ及びカリブ核兵器禁止条約（トラテロルコ条約）
Treaty for the Prohibition of Nuclear Weapons in Latin America and Caribbean

調印	1967年	発効	1968年
対象	33か国、すべての国が批准		
核保有5大国	5か国とも批准		

中南米地域での核兵器の製造や取得・使用などを禁止した条約。中南米の国々33か国を対象としており、すべての国が批准している。条約には「核兵器の保有国も締約国に対して核兵器を使用しない」ことが盛りこまれており、核保有の5大国（アメリカ・ロシア・イギリス・フランス・中国）もその内容を認め、批准している。

南太平洋非核地帯条約（ラロトンガ条約）
South Pacific Nuclear Free Zone Treaty

調印	1985年	発効	1986年
対象	16か国・地域、うち13か国・地域が批准		
核保有5大国	アメリカを除き批准		

オーストラリアやニュージーランドといった南太平洋地域での核兵器の製造や保持、配備、海への放射性物質の廃棄を禁止した条約。また核保有国に対しては、核兵器の使用とともに、この地域で核実験をおこなわないことも求めている。当時フランスが南太平洋地域で核実験を開始したことが、条約を作成するきっかけとなった。

東南アジア非核兵器地帯条約（バンコク条約）
Southeast Asia Nuclear-Weapon-Free Zone Treaty

調印	1995年	発効	1997年
対象	10か国、すべての国が批准		
核保有5大国	5か国とも未批准		

東南アジア地域での核兵器の製造や所有、実験、放射性物質の廃棄や大気中への放出を禁止した条約。1995年のASEAN首脳会議において、加盟国10か国の首脳が調印、1997年に発効した。フィリピンだけは批准が遅れていたが、2001年に批准したことにより、すべての国が出揃った。ただし核保有5大国はいずれも未批准。

アフリカ非核兵器地帯条約（ペリンダバ条約）
African Nuclear Weapons Free Zone Treaty

調印	1996年	発効	2009年
対象	55か国・地域、うち43か国が批准		
核保有5大国	アメリカを除き批准		

アフリカ地域での核兵器の研究・開発・製造・所有・実験などを禁止した条約。アフリカを核兵器のない地域にする構想は1960年代からあったが、南アフリカが核兵器の開発・製造をおこなっていたために実現が遅れていた。だが1990年代に入り、南アフリカが開発・製造をやめたことにより、条約の調印・発効につながった。

中央アジア非核兵器地帯条約（セメイ条約）
Treaty on a Nuclear Weapon Free Zone in Central Asia

調印	2006年	発効	2009年
対象	5か国、すべての国が批准		
核保有5大国	アメリカを除き批准		

中央アジア地域での核兵器の開発・製造・所有などの禁止や、他国の核廃棄物の自国内への受け入れを禁止した条約。核兵器の保有国に対しては、条約に批准した中央アジア5か国に対して核兵器の使用をおこなわないことを求めている。なお条約の調印場所となったカザフスタンのセメイは、かつてはソ連の核実験場だった。

▶▶▶ 紛争地域の平和を取り戻すために

国連が主導しておこなわれるPKO活動の役割とは？

国連平和維持活動（PKO）　国連平和構築委員会（PBC）

ノーベル平和賞を受賞

1945年に国連が設立されたあとも、世界各地で戦争や紛争がやむことはありませんでした。そんな中で1940年後半から国連が始めたのが、「国連平和維持活動（PKO）」という活動です。

PKOの活動内容は、時代によって変化してきています。最初は戦っている双方が停戦に合意したあとに、紛争が起きていた現地にスタッフを派遣して、中立な立場からきちんと停戦が守られているかどうかを監視することや、対立していた両陣営の軍隊や武装組織を引き離すことから始まりました。やがて地雷の撤去や難民の保護、選挙の監視、道路や水道の整備などの役割も加わりました。

PKO活動は、国連平和維持軍（PKF）という軍隊を派遣しておこないますが、PKFは「戦わない軍隊」といわれました。PKOのスタッフの命がねらわれたり、基地が攻撃されそうになったりしたときにだけ、小型の武器を使用できたからです。

武力を使わずに、各地で起きている紛争を平和的に解決していこうとするPKOの姿勢は高く評価され、1988年にはノーベル平和賞を受賞しました。

国連の専門機関などとも協力

しかし1990年代に入ると、PKOの性格は大きく変わっていきます。まだ停戦が合意されておらず、紛争が続いている地域についても対象に加え、武力を用いてでも地域を安定させる活動を始めるようになったからです。

ただし、この活動は失敗に終わりました。武器を使って強引に紛争を終わらせようとするPKOのやり方に、現地の人たちが反発したからです。アフリカのソマリアでの活動では、現地の武装集団とのあいだで武力衝突が起き、PKOの側にも多くの犠牲者が出ました。また一般の住民もまきこまれ、たくさんの方が亡

コンゴでの活動中の死者
PKOは活動中、現地の軍隊や武装組織と衝突することも少なくない。コンゴ民主共和国安定化ミッションでは、2017年12月、反政府武装勢力に襲撃され、50人をこす死傷者が出た。

自衛隊のPKO活動
日本では1992年にPKO協力法（国際平和協力法）が成立し、自衛隊が活動に参加している。写真は自衛隊が2010〜13年まで参加した、ハイチでのPKO活動の様子。

48

くなりました。

国連ではこの失敗を反省し、その後は再び武力の使用を抑えるようになりました。PKOのスタッフや住民の安全を守るときにだけ、武力を用いることにしたのです。また国連のほかの専門機関（◀24ページ）やNGO（▶102ページ）との協力体制も強化。現地の人たちの生活や人権の保護、地域の復興支援などに、一緒に取り組むようになっています。

国連では2005年には、PKOとは別に「国連平和構築委員会（PBC）」という組織を発足さ

せました。PKOの活動などによって、ようやく紛争が終わって平和を手に入れたはずだったのに、すぐに紛争状態に戻ってしまうケースは少なくありません。そこでPBCの役割は、その地域でずっと平和が続くようにするための計画を練り、助言や支援をおこなうというものです。金銭面での支援が必要な事柄については、平和構築基金（各国がお金を出しあうことで成り立っている基金）からの援助が得られます。平和な世界を実現するための国連の模索は今も続いています。

活動中のPKOミッション

アビエ暫定治安部隊（2011年6月〜）
アビエ地域におけるスーダン軍の監視・検証、市民らの保護

コソボ暫定行政ミッション（1999年6月〜）
セルビアからの独立のための自治確立の促進、平和構築活動の監視・支援

西サハラ住民投票監視団（1991年4月〜）
モロッコが領有権を主張している西サハラの停戦監視や地雷などの削減

キプロス平和維持隊（1964年3月〜）
ギリシア系住民とトルコ系住民の武力衝突の再発防止、法秩序の維持

中央アフリカ多面的統合安定化ミッション（2014年4月〜）
内戦の停止や和平プロセスの支援、市民らの保護

レバノン暫定隊（1978年3月〜）
イスラエル軍のレバノン撤退を促進、敵対行為の停止を監視

南スーダン共和国ミッション（2011年7月〜）
独立後の和平プロセスの支援、人権侵害に関する監視

国連インド・パキスタン軍事監視団（1949年1月〜）
カシミール地方をめぐる軍事衝突後の停戦ラインの監視

コンゴ民主共和国安定化ミッション（2010年7月〜）
内戦下における国家制度の安定化、治安改善の支援、市民らの保護

国連休戦監視機構（1948年6月〜）
イスラエルとアラブ諸国間で締結された休戦協定の履行の監視

兵力引き離し監視隊（1974年5月〜）
イスラエルとシリアの停戦の維持、兵力引き離し地帯の監視

※外務省や防衛省のホームページをもとに作成

PKOは世界中でこんなに活動しているんだ〜!

現在は世界11の地域で国連平和維持活動がおこなわれている。現在、日本は南スーダン共和国ミッションの司令部要員として、数名の自衛隊員を派遣している（2024年10月現在）。

国連平和維持活動（PKO）
United Nations Peacekeeping Operations

活動開始	**1948年**
日本参加	**1992年〜**
現在の状況	**11地域で活動中**

1948年にパレスチナに派遣された国連休戦監視機構がPKOの始まりとされる。「平和維持活動」と呼ばれるようになったのは、1960年代以降。PKOの活動は、国連安保理での決議ののち、紛争当事国の同意を得たうえで、国連加盟国各国の警察官、兵士、民間人より構成されたスタッフが現地に派遣されるかたちでおこなわれる。

国連平和構築委員会（PBC）
United Nations Peacebuilding Commission

位置づけ	**国連総会、安保理の補助機関**
日本参加	**2005年〜**
設立	**2005年**

国連総会と安保理が共同で設立した委員会組織。紛争が起きていた国の関係者（支援国、金融機関、政府、軍隊の派遣国、一般市民の代表など）とともに、その国が再び安定し、発展できるようになるための総合的な計画を作成し、また復興に必要な資金を確保する。委員会のメンバーは、国連加盟国のうち31か国の代表から構成される。

▶▶▶ どのような行為が罪に問われるのか？

戦争に関する罪を犯した人を裁くしくみ

`国際刑事裁判所(ICC)` `ジェノサイド条約`

集団殺害など四つの罪が対象

みなさんは「国際刑事裁判所(ICC)」という機関が、2023年にロシアのプーチン大統領やその側近たちに、逮捕状を出したことをご存知でしょうか。逮捕状の理由は、ロシアと戦争をしているウクライナの子どもたちを違法に連れ去ったというものでした。

ICCは、戦争や紛争が起きたときに、40ページや42ページで紹介したような「戦争のルール」を守らないなど、人びとに対して残虐なことをおこなった個人を裁く機関です。対象としているのは、次の四つの罪です。

❶ 人種や民族、宗教等を理由に、多くの人を殺したり危害を加えたりした罪（集団殺害罪）
❷ 兵士ではない一般の市民を組織的に殺したり、拷問したりした罪（人道に対する罪）
❸ 「ジュネーヴ諸条約」に対して重大な違反を犯した罪（戦争犯罪）
❹ 他国の領土を武力で侵略した罪（侵略犯罪）

ICCの中には、裁判局や検察局があります。まず検察局が捜査をおこない、犯罪の疑いがあると判断した場合には逮捕状を出します。するとICCに加盟している国は、容疑者の引きわたしに協力しなければいけません。そして裁判の結果、有罪になると、罰金刑のほか、30年以下の懲役や終身刑が科されます。

逮捕状が出ているのに逮捕ができないなんてはがゆいなぁ……

ICCが捜査・判決した事例

対象国	被告 (肩書きは当時)	罪状／経緯
スーダン	バシル大統領	2003年から続くダルフール紛争での集団虐殺や戦争犯罪を指示した疑い。2009年に逮捕状が出されるが逮捕されていない
コンゴ	ヌタガンダ・コンゴ軍司令官	殺人、民間人に対する攻撃の指示、性暴力、15歳未満の子どもに対する強制徴用などの罪。2019年に有罪判決が出される
ミャンマー	ミャンマー軍の幹部ら	ミャンマー軍が国内のイスラーム教徒の少数民族・ロヒンギャを迫害し、隣国のバングラデシュに追放するなどの人道に対する罪の疑い。2019年に捜査開始
フィリピン	ドゥテルテ大統領	裁判をせず、法律にのっとらないかたちで麻薬犯罪の容疑者を多数殺害した疑い。2021年から捜査がおこなわれているが、予備捜査を開始した2019年にフィリピンはICCから正式に脱退
ロシア	プーチン大統領、ゲラシモフ軍参謀総長ら	ウクライナの占領地域から子どもたちを違法に連行した容疑など戦争犯罪の疑い。2023年にプーチン大統領に逮捕状が出されると、その報復としてICCの裁判官がロシアから指名手配される
イスラエルパレスチナ自治区	ネタニヤフ首相らイスラーム組織ハマスの幹部ら	2023年10月に起こったハマスによるロケット弾攻撃と、その後のイスラエル軍のガザ侵攻における、戦争犯罪や人道に対する罪の疑い。イスラエルとパレスチナ、双方に対して逮捕状が請求された

※『最新図説現社』(浜島書店)、『毎日新聞』2024年7月28日（朝刊）などを参照

近年では、ウクライナに侵攻したロシアのプーチン大統領らや、戦争状態にあるイスラエルとハマス（イスラーム組織）の両指導者に対して逮捕状が出されており、ICCの存在感が増している。

アメリカやロシアは今も未加盟

ICCが設立されたのは2003年のことですが、じつはそれよりずっと前から設立の構想はありました。1951年、「集団殺害を防止し、集団殺害罪を犯した人を処罰する」という内容の「ジェノサイド条約」が発効しました。集団殺害を犯した人を裁くためには、専門の裁判所が必要になります。そこでICCの設立が計画されたのです。ところが当時はアメリカとソ連（今のロシア）の対立が深刻だったこともあり、ICC設立のための話し合いがなかなか進まず棚上げになっていました。

しかし1990年代に入って、ユーゴスラヴィア*1やルワンダなどの国で、相次いで集団殺害が起きたことにより、ICCの必要性を求める声が高まり、ようやく設立されたのです。以後、アフリカのコンゴの元副大統領が「人道に対する罪」で有罪判決を受けるなど、さまざまな犯罪が裁かれてきました。

ただしICCには課題があります。それはアメリカやロシア、中国、インドといった大国が、今も未加盟であることです。未加盟の国は、捜査や容疑者の引きわたしに協力する必要はありません。ロシアのプーチン大統領に逮捕状が出ているのに、いっこうに逮捕されないのは、ロシアが未加盟だからです。また過去には、アフリカの国々への捜査が多いことに反発して、アフリカ諸国が次々とICCから脱退したこともありました。

今も世界では、戦争犯罪や人道に対する罪が起きています。そうした罪を裁く機関であるICCの重要性については、多くの人がわかっているはずなのに、協力体制が築かれていない状態が続いています。

*1：ユーゴスラヴィア
かつてヨーロッパにあった国。さまざまな民族が暮らす多民族国家だった。1990年代に入り、民族間の対立が激化して内戦が勃発。その結果、国内がバラバラになりユーゴスラヴィアは消滅。今ではクロアティア、スロヴェニア、セルビア、ボスニア・ヘルツェゴビナ、北マケドニア、モンテネグロ、コソヴォの7か国に分かれている。

逮捕されないプーチン大統領
プーチン大統領はICCから逮捕状が出されているが、2024年9月にモンゴルを訪れた際も逮捕されなかった。モンゴルはICC加盟国であるが、大国であるロシアに配慮して逮捕義務に違反したとみられる。

国際刑事裁判所（ICC）
International Criminal Court

設立	2002年
日本加盟	2007年
本部	ハーグ（オランダ）
加盟国数	124か国

集団殺害、人道に対する罪、戦争犯罪、侵略犯罪を犯した個人に対して審理（取り調べ）をおこなう機関。裁判は二回まで（二審制）となっており、有罪判決が出た場合、終身刑や30年以下の禁固刑、罰金、財産の没収などが科される。裁判官は、それぞれ別の国出身の18人より構成され、任期は9年となっている。

ジェノサイド条約
（集団殺害罪の防止及び処罰に関する条約）
Convention on the Prevention and Punishment of the Crime of Genocide

調印	1948年
発効	1951年
締約国数	153か国（日本は未批准）

集団殺害（人種や民族、宗教などを理由に、その集団に属する人たちを殺したり、危害を加えたりすること）は犯罪であるとしたうえで、集団殺害が起きることを防止し、罪を犯した者を処罰することを目的とした条約。社会的地位に関係なく、罪を犯した者全員を対象にしている。日本は条約に批准していない。

▶▶▶ 国の安全や平和をどう守る？

2国以上の国によって結ばれる国を守るための軍事同盟

北大西洋条約機構(NATO)　太平洋安全保障条約(ANZUS)　AUKUS　ほか

同盟国と一緒に防衛にあたる

2か国以上の国が、軍事に関する約束事を結ぶことを軍事同盟と言います。約束の内容は各同盟ごとに異なりますが、多くの場合、同盟を結んでいるうちの一つの国が攻撃を受けたとき、ほかの国も一緒になって防衛にあたるという約束事がなされます。

軍事同盟を結ぶメリットは、1国ごとの軍事力は大きくなかったとしても、互いに協力しあえば強大になることです。軍事同盟を結んでいる国に対しては、敵対している国も武力攻撃をしにくくなります。つまり抑止力（相手に攻撃をためらわせる力）となるのです。

他国との緊張を高める危険も

軍事同盟の中でも有名なのが、アメリカと西ヨーロッパ諸国が1949年に結成した**「北大西洋条約機構（NATO）」**です。当時世界は、アメリカを中心とした資本主義国（西側陣営）とソ連を中心とした社会主義国（東側陣営）の対立がはげしくなっていました。これを東西冷戦と言います*1。

そこで西側陣営は、東側陣営の軍事的な脅威から自分たちを守るためにNATOを結成したわけです。すると東側陣営も対抗して、「ワルシャワ条約機構（WTO）」という軍事同盟を結成しました。

東西冷戦は、東側陣営が社会主義による国の運営に失敗したことで、1989年に終わりました。WTOも1991年に解散しました。一方NATOはその後も存続し、それまで東側陣営に属していた東ヨーロッパの国々を次々と加盟国に加えていきました。NATOはヨーロッパ全体の安全を守る軍事同盟へと、その役割を変えていったのです。

このNATOの東への拡大に、警戒感を抱いたのがロシアです。自国の安全が脅かされると感じたのです。今、NATOとロシアの関係は最悪です。このように軍事同盟の存在は、他国との緊張を高める危険もあります。

現在の世界には2国間、または多国間で結ばれた軍事同盟が多くあります。その一部を、右ページで紹介しましょう。

*1：資本主義と社会主義
資本主義とは、「個人や企業は自由に商売をおこない利益を追求するべきであり、そのほうが社会は豊かになる」という考え方。一方社会主義とは、「資本主義体制では貧富の差が広がるので、国が経済を管理し、富は平等に分け合うべき」という考え方。

拡大を続けるNATO

- 1949年の発足時の加盟国
- 1952〜1990年の加盟国
- 1999〜2004年の加盟国
- 2009〜2020年の加盟国
- 2023・2024年の加盟国

社会主義体制を終わらせた東ヨーロッパの国々が次々とNATOに加盟したことで、NATOは東側へと拡大することになり、それがロシアにとっては脅威となっている

北大西洋条約機構（NATO）
North Atlantic Treaty Organization

設立	1949年
加盟国	32か国
本部	ブリュッセル（ベルギー）

NATOに加盟している一つ以上の国が武力攻撃をされたときには、加盟国全体が攻撃されたものとみなし、武力を用いてでも加盟国の安全を守ることが定められている。ロシアとヨーロッパ諸国の緊張関係が高まっている中で、2023年にはフィンランドが、2024年にはスウェーデンが新たに加盟。加盟国は32か国となった。

太平洋安全保障条約（ANZUS）
Australia, New Zealand, United States Security Treaty

調印	1951年
発効	1952年
締約国	オーストラリア・ニュージーランド・アメリカ

正式名称は、オーストラリア・ニュージーランド・アメリカ合衆国安全保障条約。3か国のうちの一つが攻撃を受けた場合、ほかの2か国にも危険が及ぶという考えのもと、3か国が協力して脅威に対処することを約束した軍事条約。東西冷戦時代、太平洋地域の西側諸国が東側諸国の軍事的脅威から自分たちを守るために設立した。

AUKUS
Australia – United Kingdom – United States

設立	2021年
加盟国	オーストラリア・イギリス・アメリカ

2021年より始まったオーストラリア、イギリス、アメリカの3か国による安全保障（国や国民を守ること）のための協力の枠組み。アメリカ製の原子力潜水艦のオーストラリアへの配備、AI（人工知能）や極超音速ミサイルの共同開発等に取り組む。太平洋地域で影響力を増す中国に対抗するために設立されたといわれている。

集団安全保障条約機構（CSTO）
Collective Security Treaty Organization

条約発効	1994年	機構設立	2002年
本部			モスクワ（ロシア）
加盟国			6か国

1992年にロシアを中心とした旧ソ連諸国間で集団安全保障条約が結ばれた。加盟国の一つが攻撃を受けたときには、ほかの加盟国も共同で危機に対処することが記されている。2002年にはこの条約にもとづき、国際機構として集団安全保障条約機構（CSTO）が発足した。加盟国は6か国だが、2024年にアルメニアが離脱を表明した。

米韓相互防衛条約
Mutual Defense Treaty Between the United States and the Republic of Korea

調印	1953年
発効	1954年
締約国	アメリカ・韓国

1953年にアメリカと韓国のあいだで結ばれた軍事同盟に関する条約。「2国のうちどちらかが武力攻撃を受けたとき、両国が互いに協力しながら武力攻撃を阻止すること」や「アメリカは韓国の同意のもと、韓国国内に軍隊を駐在できること」が定められた。この条約にもとづき、現在も約3万人のアメリカ兵が韓国に駐留している。

中朝友好協力相互援助条約
Treaty of Friendship, Cooperation, and Mutual Assistance between China and North Korea

調印	1961年
発効	1961年
締約国	中国・北朝鮮

1961年に中国と北朝鮮のあいだで結ばれた事実上の軍事同盟に関する条約。「どちらか一方の国が武力攻撃を受けて戦争になったときには、もう一つの国はただちに全力をあげて軍事やそのほかの援助をすること」が定められている。アメリカと韓国が1953年に米韓相互防衛条約を結んだことに対抗して、この条約が結ばれた。

▶▶▶ 日米安全保障条約ってどんなもの？

日本とアメリカが結んでいる同盟はどのようなものか？

日米安全保障条約（日米安保）　日米地位協定

日米が協力しながら防衛

日本はアメリカとのあいだで、「日米安全保障条約（日米安保）」という日本の安全保障（国と国民の安全を守ること）に関する非常に重要な条約を結んでいます。この条約は最初に1952年に発効となり、その後1960年に改定された「新日米安保」では、内容が大きく改められました。同時に「日米地位協定」も結ばれ、現在のかたちなりました。ここでは、今の条約の内容について説明します。

まず日米安全保障条約では、アメリカが日本の国内に軍隊を置き、基地を使用することを認めています。沖縄県を中心に、多くのアメリカ軍基地が日本国内にあるのはそのためです。アメリカ軍が基地を置く目的は、日本の安全と、極東の平和と安全に貢献することとされています。極東とは政府の説明によれば、「フィリピン以北で、日本と日本の周辺地域（韓国や台湾）」のことを言います。

そして、もし日本の領土や日本国内にあるアメリカ軍の基地が攻撃された場合、自衛隊とアメリカ軍が協力しながら防衛にあたることが定められています。ちなみにアメリカ本土が攻撃されたときには、日本はアメリカと一緒に戦う義務はありませんが、何らかの支援をおこなうことはあり得ます。

基地問題などの問題もある

日本にとっての日米安全保障条約のメリットは、アメリカと防衛に関する協力関係を結ぶこと自体が、抑止力（相手の攻撃をためらわせる力）になることです。アメリカは世界最強の軍事大国です。日本を攻撃した場合、アメリカとも戦わなくてはいけないとなれば、簡単には戦争をしかけられなくなります。

一方、アメリカにとっての条約のメリットは、日本に軍事基地を置くことで、周辺の地域に影響力を及ぼすことができることです。

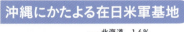

沖縄にかたよる在日米軍基地

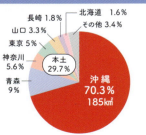

日本は世界で最も多くの米軍兵士が駐留している国であり、日本の中では米軍基地の面積の約70％が沖縄に集中している。沖縄に米軍基地が多い理由は、日本列島の中でも東アジアや東南アジア諸国に近く、戦略上重要な場所だからとされる。また、沖縄は第二次世界大戦後、1972年までアメリカに直接統治されていたことも関係している。※防衛省発表のデータより（2023年）

日本の周辺には中国、ロシア、北朝鮮といったアメリカと対立関係にある国が存在しています。これらの国が軍事面で暴走しないように、にらみを利かせることができます。

ただし、日米安全保障条約には問題もあります。もっとも大きいのは基地問題です。特に基地が集中している沖縄では、住宅のすぐ近くを戦闘機やヘリコプターがすさまじい爆音で飛行するなどして、住民の生活を脅かしています。過去には墜落事故もありました。またアメリカ兵による犯罪も多発しています。そのため沖縄の人びとのあいだでは、基地に対する不満が高まっています。

そしてじつは「日本が他国から攻撃されたときに、本当にアメリカは日本を守ってくれるのか」という問題もあります。条約では「武力攻撃を受けたときには、自国の憲法の規定に従って、共通の危機に対処する」と書かれています。アメリカの憲法では、「大統領が軍の指揮権を持つが、戦争に参戦するときには、議会の承認を得なければならない」という決まりがあります。つまり日本が攻撃されても、アメリカは無条件で参戦してくれるわけではないのです。

日米安保を結んだ吉田茂首相

第二次世界大戦に敗北しアメリカ主導の連合国に占領されていた日本は、1951年9月に調印されたサンフランシスコ平和条約によって独立を回復。日米安全保障条約はこの平和条約と同日に結ばれた。

安保闘争で国会に集まる人びと

1960年の日米安保改定のときには、この改定によりアメリカの戦争に日本がまきこまれる可能性が高まるとして多くの人が批判し、国会議事堂周辺では大規模な反対運動が起こった（安保闘争）。

日米安全保障条約（日米安保）
Treaty of Mutual Cooperation and Security between Japan and the United States of America

旧安保発効	1952年
新安保発効	1960年
締約国	日本・アメリカ

日本とアメリカのあいだで結ばれた日米の防衛に関する協力のあり方を定めた条約。日本や極東の安全に貢献することを目的に、アメリカが日本国内に軍隊を駐留させて基地を使用することや、日本の領土や日本の国内にあるアメリカ軍基地が攻撃された場合、日米が協力しながら防衛にあたることが定められている。

日米地位協定
U.S. - Japan Status of Forces Agreement

調印	1960年
発効	1960年
締約国	日本・アメリカ

日本に駐留しているアメリカ軍・兵士・その家族の立場や権利について定めた取り決め。基地の使用方法、犯罪時の裁判権、税金、出入国手続きなどが決められている。このうち犯罪時の裁判権は、多くの場合はアメリカ側にあるため、アメリカ軍兵士が犯罪を犯したときに日本側は十分な取り調べができないことが問題になっている。

国際社会のはてな？
日米豪印によるQuadとは？

近年、日本、アメリカ、オーストラリア、インドの4か国がQuadを通じて結びつきを強めている理由とは？

自由で開かれたインド太平洋に

　日本、アメリカ、オーストラリア、インド。この4か国の共通点は、インド洋や太平洋に面する大国であることです。また自由や民主主義、法の支配（法律に従って行動すること）といった価値観を大切にしている点も共有しています。

　4か国では、お互いの協力関係を深めるために「Quad（日米豪印戦略対話）」という話し合いの場を設けています。Quadとは、英語で「四つ」という意味です。2019年に初めて4か国の外務大臣による会合が開かれ、2021年以降は大統領や首相が出席した首脳会談も定期的に開かれています。

　Quadでは、「自由で開かれたインド太平洋地域の実現」を目標に掲げています。首脳会談のたびに確認されるのは、「インド太平洋地域を国際的なルールがしっかりと守られている地域にすること」や「海洋の安全が保たれている地域にすること」の重要性です。また地球温暖化対策や医療・保健体制の充実、新技術の研究開発などを4か国が協力しながら進めていくことについても、よく議題に上がります。

中国の進出を警戒する4か国

　近年、4か国がQuadを通じて結びつきを強めている背景には、急速に力をのばしている中国の存在があります。国が成長すること自体は悪いことではありませんが、問題は周辺の国々とのトラブルが絶えないことです。

　特に中国が力を入れているのが、海への進出です。たとえば南シナ海は、中国やフィリピン、インドネシアなどの国々に囲まれた海ですが、中国は南シナ海のほとんどを「中国の領海だ」と主張。そして海の中に勝手に人工島を建設してしまいました。フィリピンがこの問題を常設仲裁裁判所（◀16ページ）に訴え出たところ、裁判所は2016年に「中国の主張には根拠がない」という判決を出しました。しかし中国はこの判決を無視し、今も南シナ海への進出を続けています。

　こうした状況の中で日本、アメリカ、オーストラリア、インドの4か国は、「このままでは中国が原因で、インド太平洋地域が自由で開かれた地域ではなくなってしまう」という危機感を抱き、Quadを形成したわけです。2023年に開催されたQuad首脳会談でも、会談後に4か国首脳による「インド太平洋地域をいずれの国も支配せず、いずれの国にも支配されない地域とすることをめざす」という共同声明が出されました。

中国に対抗するために結成したQuad

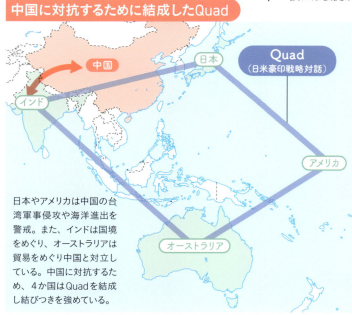

日本やアメリカは中国の台湾軍事侵攻や海洋進出を警戒。また、インドは国境をめぐり、オーストラリアは貿易をめぐり中国と対立している。中国に対抗するため、4か国はQuadを結成し結びつきを強めている。

第4章
環境問題と
SDGs

地球の環境問題は深刻な課題だよ。国際社会ではどのような対策がとられているのか見てみよう

地球温暖化や海洋汚染など、環境問題の多くは一つの国だけでは解決できない課題です。たとえば、ある国が大気中に排出した二酸化炭素は、国境をこえて地球全体の温暖化に影響をあたえます。
また、海に流れこんだプラスチックごみは、海流に乗って世界中の海をただよいます。そこで国際社会では、温室効果ガスの削減目標を定めたパリ協定や、多様な生物を守るための生物多様性条約など、環境問題に共同で取り組むためのさまざまな約束事を決めてきました。第4章ではこうした取り組みを見ていきます。
現実には、産業や経済の発展を優先して環境問題の解決に消極的な国もありますが、地球の未来のために、この課題にしっかりと取り組んでいかなければなりません。

▶▶▶ 持続可能な社会の実現のために

環境問題に取り組む国際社会の歩み

国連環境計画（UNEP）

公害の問題が深刻化する

　国際社会が環境問題に危機感を持ち始めたのは、1960年代ごろのことです。当時、先進国を中心に工業化が進んだことで、経済は豊かにはなったのですが、一方で工場などから排出される有害物質が大気や河川、土壌を汚し、人びとの健康や生態系に悪影響を及ぼす公害の問題が深刻になっていました。

　そこで1972年、世界初の環境問題に関する国際会議である「国連人間環境会議」が開かれました。会議では「環境汚染の防止」「野生生物の保護」「環境と開発の調和」など、環境保護のあり方を定めた人間環境宣言が採択されました。また、この会議をきっかけに、環境問題に専門に取り組む「国連環境計画（UNEP）」が設立されました。

開発と環境の両立をどう図る？

　次に環境問題をテーマとした国際会議が開かれたのは、1992年の「国連環境開発会議」（地球サミット）でした。このころ環境問題は、公害が起きている地域だけでなく、地球全体の問題になっていました。地球温暖化やオゾン層の破壊、熱帯雨林の減少など、国際社会が団結して取り組まないと解決できない問題が表面化してきたからです。

　地球サミットでは、「予防的アプローチ」の考え方が打ち出されました。地球温暖化などについては、まだメカニズムが十分にわかっていない面もあります。しかし科学的な証拠が完全ではなくても、環境に深刻な影響をあたえる可能性があるのなら、それを防ぐ手だてを予防的に講じておくべきだというものです。また地球サミットでは、地球温暖化を抑えるための「気候変動枠組条約」（▶62ページ）や、生物や生態系の多様性を守るための「生物多様性条約」（▶67ページ）も採択されました。

　その後も2002年には「持続可能な開発に関する世界首脳会議」（環境・開発サミット）、2012年には「国連持続可能な開発会議」（リ

環境保全に取り組む国際条約

年号	条約	結果
1971年	ラムサール条約	多様な生物が生息する湿地帯を守るために定められた
1972年	国連人間環境会議	国連環境計画（UNEP）を設立し、環境問題に取り組む条約が決められた
1973年	ワシントン条約	絶滅の危機のある野生の動植物に関する国際取引のルールが設けられる
1985年	ウィーン条約	オゾン層の保護のため、フロンを排出する製品の生産や使用が禁止された
1989年	バーゼル条約	開発途上国の環境を守るため、有害なゴミが国境をこえて移動することを制限
1992年	気候変動枠組条約	地球温暖化を止めるための条約と国際協力が決められた
1997年	京都議定書	先進国が減らすべき温室効果ガスの排出量の目標が定められた
2015年	パリ協定	途上国も含めたすべての国に温室効果ガスを減らす活動を義務付けた

※『最新政治・経済資料集 新版』（第一学習社）、『最新図説 政経』（浜島書店）を参照

技術の発展により人びとは豊かな生活を実現したが、同時にさまざまな環境問題が発生。現在の豊かな生活を保ちつつ、環境を守る「持続可能な開発」が重要さを増している。

オ+20）が開催されました。このうちリオ+20では、参加国のあいだで「グリーン経済への移行を進める必要がある」という合意が得られました。グリーン経済とは、環境問題の悪化や生態系の破壊を抑えつつ、人びとの暮らしをより良くし、社会の格差を減らすための経済のしくみのことをいいます。そして2015年に開催された国連持続可能な開発サミットにおいて、国際社会が2030年までに達成すべき目標として設定されたのが、60ページでくわしく紹介するSDGs（持続可能な開発目標）です。

人びとの暮らしを良くするためには、経済や産業の発展が欠かせません。しかし経済や産業の発展のために環境を破壊してしまったら、人びとの暮らしは良くなるどころか、地球温暖化や自然災害の増加、生態系の破壊などにより、かえって悪化します。

そのためこれまで開催されてきた環境に関する国際会議では、いずれも「開発と環境保護の両立をどう図るか」が大きなテーマとなってきました。そしてこれから開催される国際会議でも、重要なテーマであり続けることでしょう。

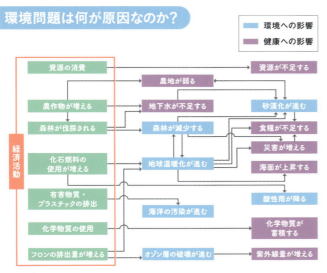

現在の人類の経済活動や消費活動が地球に与えている影響は、自然が本来持っている修復力をはるかにこえており、それが温暖化や生態系破壊の原因となっている。自然環境の悪化は、私たちの生活にも悪影響をもたらしている。

国連環境計画（UNEP）
United Nations Environment Programme

設立	1972年	日本参加	1972年
加盟国			193か国
本部			ナイロビ（ケニア）

地球環境を守り、改善していく役割を担う機関。気候変動対策、災害・紛争からの環境の保護、生態系の保護、環境保護に関するルールづくり、有害物質や廃棄物問題への対応、地球環境の状況についての調査・報告等に取り組む。1972年に開催された国連人間環境会議で設立が提案され、その後開催された国連総会で設立が決議された。

止まらないブラジルの森林破壊（2023）
世界では南アメリカやアフリカの熱帯雨林を中心に、森林減少が進行。世界最大の熱帯雨林を持つブラジルでは、人工衛星を用いた森林管理や、違法伐採の取りしまりを強化。ブラジルの大統領は2030年までに違法な森林伐採を根絶すると公約している。

▶▶▶ 環境を守るための国際的な目標とは？

SDGsがめざしている社会とはどんなもの!?

17のゴールと169のターゲット

現在、人類は環境問題や貧困、差別、健康や衛生に関する問題など、さまざまな課題に直面しています。これらの課題を放置したままでいると、私たちの世代が不幸になるだけでなく、次の世代や、さらにその次の世代にも悪い影響を及ぼすことになります。

そこで2015年の「国連持続可能な開発サミット」で設定されたのが、「SDGs（持続可能な開発目標）」でした。SDGsでは17の目標（ゴール）と、169の具体目標（ターゲット）を掲げ、これを2030年までに達成することをめざしています。ちなみにSDGsでいう「開発」は、「環境や人びとの生活を改善・向上し、未来に向けて社会をより良くしていくこと」といった意味で使われています。

目標はそれぞれつながりがある

国連ではSDGsを設定する前には、2000年に「MDGs（ミレニアム開発目標）」を設定していました。MDGsは「極度の貧困と飢餓の撲滅」などの八つの目標から成り立っており、これを2015年までに達成するというものでした。しかし「極度の貧困層」は15年間で半数以下に減らすことができたものの、達成できなかった目標も数多くありました。そこでMDGsを引きつぐかたちで設定されたのがSDGsだったのです。なおMDGsのときには、途上国の状況を改善することをめざしていました。一方SDGsは、日本のような先進国も含めたすべての国が、開発に取り組むことが求められています。

SDGsで掲げられた17の目標は本当にさまざまですが、じつはそれぞれつながりがあります。たとえば気候変動の問題を解決（目標13）しないことには、世界中の人びとが安全な水を飲む環境を実現（目標6）するのは難しいでしょう。全人類がお互いに協力しながらすべての目標を達成していくための努力が必要とされています。

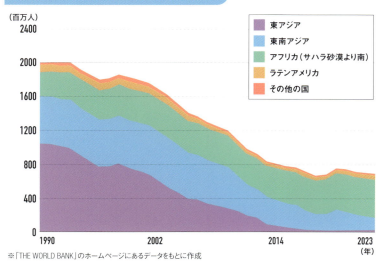

地域別に見る世界の貧困層の割合

※「THE WORLD BANK」のホームページにあるデータをもとに作成

図は1日2.15ドル未満で生活する「極度にまずしい」暮らしをしている人の数を示す。国連開発計画（UNDP）（▶96ページ）をはじめ、さまざまな国際支援や教育・医療の改善により、世界全体で見ると貧困層は減少しているが、アフリカの貧困率は高いままである。

世界のSDGsの状況

2024年6月「持続可能な開発ソリューション・ネットワーク」（SDSN）が各国のSDGsの達成度を評価したレポートを発表。17の目標がそれぞれ4段階で評価された。そのうち「達成済み（◎）」と「やや課題が残る（○）」は一つもなく、低い評価となっている。

貧困をなくそう
世界の中で貧困をなくし、平等な権利を守ることが目標。東南アジアでの貧困問題は解決しつつあるが、中東やアフリカは前年から評価が変わらず、貧困に苦しむ人が多く残る。

飢餓をゼロに
目的は災害に強い農業をつくり、みんなにも栄養のある食事が行きわたるようにすること。技術の進歩により食糧の生産量は増えたが、世界の全体で見ると食料不足が続く。

すべての人に健康と福祉を
病院での診療を安い価格でだれもが受けられる制度づくりをめざす。出産を専門とする医師や助産師がいる環境が整えられ、新生児の死亡率が下がっている。

質の高い教育をみんなに
みんなが無料で初等・中等教育を、手ごろな価格で高等教育を学べる社会をかなえる。中等教育を受け終えた人が8割をこえ、目標値には届かないものの、改善に向かっている。

ジェンダー平等を実現しよう
女性・女児に対する差別をなくし、女性が活躍できる社会をめざす。教育を受けられる女性や働きに出る女性の数は増えつつあるが、政治で活躍する女性の数は少ないまま。

安全な水とトイレを世界中に
すべての人に安全な飲み水を届け、下水道などの生活に欠かせない設備を整えることが目標。使用後の水が正しい方法できれいにされず海に流れる、環境汚染が問題になっている。

エネルギーをみんなにそしてクリーンに
環境にやさしい再生可能エネルギーを広め、だれでも、いつでもエネルギーを使える世界へ。電気を利用できる人の割合は大きく増えたが、再生エネルギーの利用率はまだ低い。

働きがいも経済成長も
働く人の意思を無視した強制労働や子どもによる労働をなくし、安心して働ける環境を整える。強制労働は少なくなったが、働く環境の改善については、対策が進んでいない。

産業と技術革新の基盤をつくろう
持続可能な産業をつくりだし、どんな国でもインターネットが使用できる世界をめざす。道路や通信回線の環境は整えられてきたが、インターネットの使用率はまだ少ない。

人や国の不平等をなくそう
税制や社会保障によって、貧しい人の給料を国内の平均以上に増やすことが目標。途上国だけではなく、アメリカでもお金持ちと貧しい人の経済的な格差が問題となっている。

住み続けられるまちづくりを
都市と地方のつながりをつくり、災害に強い安心できるまちづくりを叶える。スラムなどのまちの安全や人体に害を及ぼす大気の汚染問題が課題として取り組まれている。

つくる責任 つかう責任
廃棄ロスを減らし、生産の過程での健康や環境に悪い有害物を減らすことが目標。二酸化炭素による大気汚染が課題に残るが、プラスチックゴミの輸出による汚染は減っている。

気候変動に具体的な対策を
環境問題に関する教育を通して、気候変動などによる災害への具体的な対策をおこなう。先進国での石油を燃やしたときに出る、二酸化炭素による大気汚染が問題とされている。

海の豊かさを守ろう
海の生き物と環境を守り、豊かな海を未来へ残すことをめざす。プラスチックゴミや正しく処理されなかった汚れた水がそのまま海に流され、海の環境汚染につながっている。

陸の豊かさも守ろう
森林の破壊や砂漠化を止め、地上の自然と生物を守ることが目的。木材伐採による森林の破壊が減ったが、絶滅危惧種に指定されている生物を守るための対策が足りない。

平和と構成をすべての人に
国際的な法の支配を進め、公正な政策をおこない、人びとの権利が守られる社会をつくる。2021年以降、世界の報道の自由度が下がり、正しい情報を得る権利が失われつつある。

パートナーシップで目標を達成しよう
途上国に、環境に優しい技術を伝え、世界で協力して地球を守ることをめざす。先進国から途上国への資金の提供などの国際協力が進むが、途上国の問題はたくさん残っている。

◎…達成済み　○…やや課題が残る　△…重要な課題がある　✕…深刻な課題がある

※『Sustainable Development Report 2024』（持続可能な開発ソリューション・ネットワーク（SDSN））を参照

▶▶▶ 年々上がる地球の温度

地球温暖化の進行をどうやって止める!?

気候変動に関する政府間パネル(IPCC)　　国連気候変動枠組条約締約国会議(COP)　　京都議定書　ほか

さまざまな悪影響が心配される

　地球温暖化は、現代の人類が直面しているもっとも重要な環境問題です。18世紀後半に起きた産業革命以降、石油や石炭などの化石燃料の使用が大幅に増えました。その結果、大気中の二酸化炭素などの温室効果ガスが急増し、これが温暖化の主な原因となっています。このまま温暖化が進むと、水害や干ばつなどの異常気象の増加、環境の激変による動植物の絶滅、海水面の上昇による低地の水没、マラリアなどの熱帯地方の感染症のまん延など、さまざまな悪影響が地球全体に及ぶと予測されています。

　温暖化が進みつつあることが問題視されるようになったのは、1980年代のことでした。1988年には温暖化の原因や状況、将来の予測を分析する機関として「気候変動に関する政府間パネル(IPCC)」が設立され、1992年には大気中の温室効果ガスの濃度を安定させることを目的とした気候変動枠組条約が採択されました。

　そして1995年からは、気候変動枠組条約の締約国が集まり温暖化に関する情報交換や対策について話し合う会議として、「国連気候変動枠組条約会議(COP)」が毎年開催されるようになりました。

各国が削減目標を設定した

　1997年に京都で開かれたCOP3（3回目の会議という意味）は、歴史に残る会議となりました。国際社会として初めて、温室効果ガスの排出量の削減目標を国別に具体的に設定した「京都議定書」が採択されたからです（発効は2005年）。その内容は、2008年から12年までのあいだに、先進国全体で1990年比で5.2％の削減をめざし、日本については6％の削減が課されたものでした。

　ただし京都議定書には課題がありました。

COP21でパリ協定が採択
2015年のCOP21にて、パリ協定が採択され喜ぶフランス大統領と国連事務総長ら。二酸化炭素の排出量が最も多い中国がパリ協定に合意したことが大きな前進となった。

1991年〜2020年の平均気温を基準に、世界の平均気温を表している。2023年時点で、基準値より約0.5℃も上昇。長期的には100年あたり約0.7℃上昇しているとされる。

削減義務が課されたのは先進国のみで、中国やインドも含めた途上国には課されなかったのです。「ここまで温暖化が進んだ原因は、経済や産業の発展のために多くの温室効果ガスを排出してきた先進国にあるのだから、削減の義務は先進国が負うべきだ」というのが理由でした。また当時、世界一の排出国だったアメリカが、削減義務が先進国にしか課されないことに不満を持ち、京都議定書からの離脱を決めてしまったのも大きな痛手でした。

これに対して2015年にパリで開催されたCOP21では、すべての国に削減目標の設定や報告を義務付けた「パリ協定」を採択することができました。こうしてようやく世界は、温暖化ストップに向けて足並みをそろえて動き出すこととなりました。パリ協定では、「平均気温の上昇を産業革命以前に比べて2℃未満に抑え、1.5℃未満に抑える努力を追求」という目標が設定されています。

しかし目標の達成は、けっして簡単なことではありません。2023年にアラブ首長国連邦のドバイで開催されたCOP28では、1.5℃未満に抑えるという目標について、「現状では隔たりがある」という報告がなされました。

気候変動に関する政府間パネル（IPCC）
Intergovernmental Panel on Climate Change

設立	…1988年	日本加盟	…1988年
加盟国			195か国・地域
事務局			ジュネーヴ（スイス）世界気象機関本部内

1988年に国連環境計画（UNEP）と世界気象機関（WMO）によって設立された組織。世界中の科学者が発表した温暖化の論文や観測・予測データをもとに、温暖化の状態、社会や環境にあたえる影響、温暖化の動きを緩めるための選択肢などを報告書にまとめ、発表している。報告書は国際社会が温暖化対策を練るときに活用されている。

国連気候変動枠組条約締約国会議（COP）
Conference of the Parties to the United Nations Framework Convention on Climate Change

開催	…1995年	日本参加	…1995年
参加国数			197か国+EU
開催地			毎回異なる国で開催

1994年、大気中の温室効果ガスの濃度を安定させ、温暖化を防止することをめざした国際気候変動枠組条約が発効。その翌年から、この条約の締約国を中心メンバーとした会議が毎年1回開催されるようになった。会議は約2週間にわたって開催され、温暖化の現状や問題を議論し、各国の合意のもとに、行動計画の作成がおこなわれる。

京都議定書
Kyoto Protocol to the United Nations Framework Convention on Climate Change

採択	…1997年	発効	…2005年
日本発効年			2005年
締約国数			191か国+EU

温室効果ガスの排出量の削減目標を国別に設定したもの。2008年から12年までの5年間で、先進国全体で1990年比で5．2%の削減を実現するため、アメリカは7%、ヨーロッパは8%、日本は6%の削減義務が課された。ただしアメリカは署名はしたが、締結はしなかった。また中国などを含めた開発途上国には削減義務は課されなかった。

パリ協定
Paris Agreement

採択	…2015年	発効	…2016年
日本発効年			2016年
締約国数			194か国・地域+EU

世界の平均気温の上昇を産業革命前と比べて2℃未満（できれば1.5℃未満）に抑えることをめざして、先進国も途上国もすべての国が、温室効果ガスの排出量の削減に取り組むことを決めた協定。日本、アメリカ、EUは2050年、中国、ロシアは2060年、インドは2070年には、温室効果ガスの排出量を実質ゼロにする目標が課された。

▶▶▶ さまざまな環境問題

有害物質で自然環境が汚されないために

| ウィーン条約 | 長距離越境大気汚染条約 | 国連砂漠化対処条約（USCCD） | バーゼル条約 |

風に乗り国境をこえる有害物質

58ページでも話したように、1960年代ごろより、工場などから排出される有害物質が大気や川、海などを汚し、人びとの健康や自然環境に悪影響をもたらす公害の問題が深刻になっていました。

特に問題になっていたことに、越境汚染がありました。工場から大気に排出された有害物質は、風に乗って移動して国境をこえていきます。すると有害物質の発生源ではない国まで、被害を受けてしまうのです。たとえば有害物質の硫酸や硝酸が大気中に多く含まれている状態で雨が降ったために酸性雨となり、森林が枯れたり、湖の魚が死んだりする被害が起きていました。

そこで1983年、国際社会が協力して有害物質の排出防止策の作成や、酸性雨の状態の監視をおこなうことを目的とした「**長距離越境大気汚染条約**」が発効しました。この条約の締約国はヨーロッパ諸国が中心であり、日本は参加していません。ただし日本は中国や韓国、ロシアなどと東アジア酸性雨モニタリングネットワークを形成。東アジアの酸性雨の状況の監視や対策に一緒に取り組んでいます。

フロンからオゾン層を守る

1970年代に入ると、スプレーなどに使われているフロンが上空のオゾン層を破壊していることが、深刻な問題として浮上してきていました。オゾン層は、太陽から降り注ぐ有害な紫外線を防ぐ役割を果たしています。このオゾン層が破壊されてしまうと、地上に届く紫外線の量が増え、皮膚がんや白内障などの病気にかかる人が増加します。そこで1988年、オゾン層を守ることを目的とした「**ウィーン条約**」が発効となり、1989年には

ウィーン条約
Vienna Convention for the Protection of the Ozone Layer

調印	1985年	発効	1988年
日本発効年			1988年
締約国数			197か国・地域+EU

フロンなどによって破壊が進んでいたオゾン層の保護に、各国が協力して取り組むことを定めた条約。その後1989年に発効したモントリオール議定書では、「2010年までに破壊力の強いフロンを全廃」「2030年までに破壊力の弱いフロンについても原則全廃」という具体的な目標が定められ、現在もオゾン層の保護と回復が進められている。

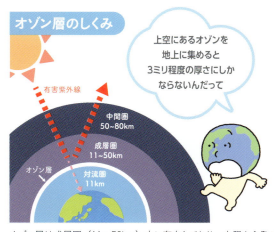

オゾン層は成層圏（11～50km）内に存在しており、太陽から発せられる有害な紫外線を吸収することで、地球の生態系を守っている。オゾン層が破壊されると、皮膚がんなどの健康被害がでるといわれている。

フロンの使用の削減・全廃目標を定めたモントリオール議定書が発効しました。現在、この目標に沿ってフロンの削減が進められており、オゾン層の破壊には歯止めがかかっています。

さらに1980年代には、先進国が工場などから出たダイオキシンや水銀、鉛といった有害なゴミを、開発途上国に輸出して処理させるという「有害廃棄物の越境移動」が問題化しました。先進国が輸出をおこなった理由は、途上国のほうが有害なゴミの処理に関するルールがゆるやかで、処理費用も安く済むからでした。途上国には有害なゴミを適切に処理するための技術はありませんから、環境汚染が深刻になっていきました。

そんな中で1992年に発効した**「バーゼル条約」**では、有害なゴミの発生を抑えたうえで、国内で処理できる施設を整備することや、輸出をする場合は相手国の同意が必要になることなどが定められました。

そして今、年間4億トンも発生しているプラスチックごみによる自然環境、特に海の汚染が深刻な問題になっています。そこで国連では現在、プラスチック汚染を防止するための条約づくりの準備を進めているところです。

長距離越境大気汚染条約
Convention on Long-range Trans-boundary Air Pollution

調印	1979年
発効	1983年
締約国数	50か国・地域+EU

大気汚染の原因となる有害物質の排出削減、越境大気汚染の防止対策、酸性雨等による被害状況の監視や評価などについて定めた条約。その後、硫黄酸化物の30%削減を定めたヘルシンキ議定書や、窒素酸化物の削減を定めたソフィア議定書などが発効した。ヨーロッパの国々を中心に、アメリカ、カナダなどが、この条約に批准している。

国連砂漠化対処条約(UNCCD)
United Nations Convention to Combat Desertification in Those Countries Experiencing Serious Drought and/or Desertification, Particularly in Africa

調印	1994年	発効	1996年
日本発効年			1998年
締約国数			196か国・地域+EU

森林の伐採や家畜の放牧、畑作などによって、森林や草原が失われ、水分がなくなり乾燥した土地になっていく砂漠化が世界的に進行している。そこで砂漠化や干ばつが深刻な問題となっている国々（特にアフリカの国々）に対して、先進国が資金や技術の援助などをおこなうことで、状況を改善することを目的に定められた条約。

バーゼル条約
Basel Convention on the Control of Transboundary Movements of Hazardous Wastes and their Disposal

調印	1989年	発効	1992年
日本発効年			1993年
締約国数			190か国・地域+EU

開発途上国の環境を守るため、有害廃棄物の国境をこえた移動の制限を図ることを目的とした条約。「有害なゴミの発生を抑えたうえで、国内で処理できる施設を整備すること」「輸出をする場合は相手国の同意を得ること」などが定められた。2021年からはリサイクルが難しい汚れたプラスチックごみも、有害廃棄物の対象となった。

ペットボトルのゴミの山（2018年）
ケニアにあるゴミ捨て場で、リサイクルのためにペットボトルを運ぶ男性。プラスチック汚染に対し、各国ではゴミ排出の規制やプラスチック袋などのプラスチック製品無料配布の禁止が実施されている。ケニアでも2017年にプラスチック袋の製造・輸入が禁止された。

▶▶▶ 多様な生物を守るために

野生生物が生息できる環境を守る！

`国際自然保護連合（IUCN）` `ワシントン条約（CITES）` `ラムサール条約` `生物多様性条約`

増え続けている絶滅危惧種

　絶滅の恐れが高い野生生物のことを絶滅危惧種といいます。**国際自然保護連合（IUCN）**では、絶滅危惧種を「レッドリスト」というリストにして発表しています。それによると2024年7月時点で、絶滅危惧種に指定されている種は4万5321種に達します。

　懸念されるのは、絶滅危惧種に指定される野生生物が年々増加していることです。2000年のときは約1万1000種でしたから、25年のあいだに4倍以上になりました。そして実際に毎日約100種もの野生生物が絶滅しているといわれています。

　絶滅の原因は、そのほとんどが人間にあります。人間が開発のために森林を伐採し、川や海を埋め立てたことで、多くの種が住みかを失いました。ヨーロッパでは強い酸性雨によって湖の水が酸性化し、生き物が生息できない死の湖が増えています。地球温暖化による急速な環境の変化に、適応できなくなっている生物も数多くいます。

生物の多様性を維持するために

　地球の特徴は、500～3000万種ともいわれる多様な生物が生息していることです。その多様性を守ることは人間の義務です。

　絶滅の恐れのある野生動植物の国際取引についてのルールを定めた**「ワシントン条約（CITES）」**が採択されたのは、1973年のことです。当時お金儲けのために、貴重な野生生物を生きたまま捕獲したり、殺したうえで毛皮や剥製にしたりして売りさばいている人たちの存在が国際問題になっていました。事実、乱獲によって多くの野生生物が絶滅しました。そこでこの条約では、動植物によっては売買を完全に禁止するなど、取引に関する厳しい制限が課されました。

　その2年前の1971年には、湿地と水鳥を守ることを目的とした**「ラムサール条約」**も採択されていました。湿地とは湖や沼

消えゆく生き物たち
IUCNは約4万以上の生き物を絶滅危惧種に指定している。絶滅危惧種であるラッコ（左上）は日本では3頭のみが水族館で飼育され、ワタボウシタマリン（右上）は日本でも生殖に成功しつつある。また、ラムサール条約では湿原も保護対象になった。日本からは北海道の雨竜沼湿原（左下）などが指定されている。

※ラッコは鳥羽水族館で飼育されているキラとメイ（写真提供：鳥羽水族館）

のほとり、干潟、湿原など、水分を多く含んでいる土地のことをいいます。湿地は水鳥たちの大切な住みかであり、また数多くの種の虫や植物も生息しています。そうした動植物たちにとって大切な場所が、埋め立て工事などによって失われるのを防ぐために、この条約はつくられました。

そして1992年に開催された「地球サミット」（◀58ページ）では、「生物多様性条約」が採択されました。ワシントン条約は保護する動植物の種、ラムサール条約は保護する場所と種を限定した条約であったのに対して、生物多様性条約はすべての生物の保護をめざしていることを特徴にしています。条約では、多様な生物を守るための資金や技術がない開発途上国に対して、先進国が援助することなどが定められました。

このように国際社会は、野生生物の保護に努めてきました。しかし種の絶滅は続いています。工業開発による自然破壊や地球温暖化が進む中で、種の多様性を守り続けることは容易なことではないのです。しかしあきらめず、努力を続けていく必要があります。地球で暮らしているのは人間だけではないからです。

国際自然保護連合（IUCN）
International Union for Conservation of Nature and Natural Resources

設立	1948年	日本加盟	1995年*
対象	国家、政府機関、非政府機関（NGO）など		
事務局	グラン（スイス）		

政府と市民の両方が参加し、野生生物の保護や自然環境・天然資源の保全に取り組んでいる団体。これらの分野について専門家が調査研究をおこなったうえで、国や環境団体などに助言をするほか、開発途上国への支援も実施している。また、定期的に「絶滅の恐れのある生物リスト（レッドリスト）」を作成、発表している。

*日本の政府は国家会員として1995年に、日本の環境省は政府機関会員として1978年に加盟

ワシントン条約（CITES）
Convention on International Trade in Endangered Species of Wild Fauna and Flora

調印	1973年	発効	1975年
日本発効年			1980年
締約国数			183か国+EU

1970年代当時、多くの貴重な野生動物が商取引のために捕獲され、絶滅の危機が深刻になったことから、取引のルールを定めた法律。絶滅の恐れがある動植物については、商業目的の国際取引が禁止（動物園など非商業目的の場合は例外）され、そのほかの動植物についても、輸出国の許可が必要になるなど、制限が設けられた。

ラムサール条約
The Convention on Wetlands of International Importance especially as Waterfowl Habitat

採択	1971年	発効	1975年
日本発効年			1980年
締約国数			172か国

湿地は水鳥の生息地として非常に重要であり、また水鳥以外にも多様な生物が生息し、水の浄化作用もある。しかし埋め立ての対象になりやすいことから、湿地を守るために定められた条約。条約に批准した国は、国内にある重要な湿地を指定したうえで、保全や適正な利用をおこなうための計画を作成し、実施することが求められる。

生物多様性条約
Convention on Biological Diversity

採択	1992年	発効	1993年
日本発効年			1993年
締約国数			194か国・地域+EU

野生生物の絶滅スピードが速まる中で、生物の多様性を守り、自然を大切に利用することを目的とした条約。条約に批准した国は、生物多様性の保全のための国家計画を立てることが求められる。また先進国は、多様な生物を守るための資金や技術がない開発途上国に対して援助をおこない、実施結果を報告する義務が課されている。

国際社会のはてな？
南極と北極はだれのもの？

南極には広大な南極大陸が広がっている。
では、南極大陸はどこの国の領土なのだろうか？ 一方の北極は？

軍隊を置くことを禁止している

　北極と南極。どちらも氷におおわれているという点では同じですが、大きくちがうのは、北極は氷の下の大部分が北極海という海であるのに対して、南極は南極大陸と呼ばれる陸地であることです。南極大陸の面積は約1370万km²です。ちなみにオーストラリア大陸の面積は約760万km²ですから、かなり広大な陸地が広がっていることがわかります。では南極大陸は、どこの国の領土なのでしょうか。

　南極大陸が発見されたのは19世紀のことで、以後、さまざまな国の探検家が南極を訪れようになりました。そして南極を探検した国や南極の周辺にある国々は、南極大陸の一部について「これは自分たちの国の領土である」と主張し始めました。20世紀に入ると、各国の主張は次第にはげしさを増すばかりになっていきました。

　そうした中で南極をめぐる国際管理のあり方についての議論がおこなわれ、当時南極で調査活動をおこなっていた日本やアメリカなど12か国によって1959年に結ばれたのが、南極条約でした。この条約では「南極については、各国は領土権の主張を当面やめること」「軍隊を置いてはならず、平和目的だけに使うこと」「科学的な調査については自由におこなってよく、そのために各国は協力しあうこと」などが定められました。こうして南極大陸はどこの国のものでもなく、また世界の中でもっとも戦争が起きる危険が低い大陸となりました。2024年6月現在、南極条約には57か国が参加しています。

エネルギー資源に各国が注目

　一方の北極ですが、一般には「北緯66度33分より北のエリア」のことを北極、または北極圏といいます。このエリアの中には、北極海だけではなく、北アメリカ大陸の最北部やスカンジナビア半島北部、シベリア北部、グリーンランドなどの陸地もあります。

　とはいえ、北極のエリアの多くを北極海が占めているのは事実です。この北極海のうち、どの部分がどこの国のもの（領海）なのか、どの国にどんな権利があるのかについては、国際海洋法（◀17ページ）という海に関するルールにもとづいて判断されることになります。実際に北極海沿岸にあるアメリカやロシアなどの5か国が、国連海洋法をもとに北極海に排他的経済水域や大陸棚を設定しています。北極海の海底では近年、石油などの豊富なエネルギー資源が埋まっていることが明らかになっており、資源開発をめぐる国家間の競争が起きています。

南極大陸に置かれたアメリカの基地
米マクマード基地のウィリアムズ飛行場。2024年現在、南極大陸には日本やアメリカをはじめ、約30か国が観測基地を設置している。

第5章
人権と共生社会

第二次世界大戦後に発足した国連では、「戦争のない世界を実現すること」とともに、「人びとの人権を守ること」にも力を注いできました。
平和とは、単に戦争が起きていない状態を指すのではありません。差別や貧困、抑圧のない社会が実現してはじめて、真の平和が達成されたといえるのです。
第5章では、国連を中心とした国際社会の人権保護の取り組みを見ていきます。人種や性別、障害の有無による差別をなくし、労働者や女性、子ども、難民などの権利や安全を守るため、さまざまな条約が結ばれ、具体的な活動がおこなわれています。これらの取り組みについて学んでいきましょう。

差別や格差のない世界を実現するために、国際社会ではどのような取り組みがされているんだろう？

▶▶▶ 平和の実現に欠かせない人権

人権の保護・促進に力を注いできた国連

`国際人権規約` `人権理事会（UNHRC）` `国連人権高等弁務官事務所（OHCHR）`

「世界人権宣言」が採択される

　第二次世界大戦後に発足した国連が、「戦争がない世界を実現すること」と同様に重視したのが、「人びとの人権を守ること」でした。第二次世界大戦中には、ヒトラー率いるドイツのナチスが多くのユダヤ人を強制収容所に送りこみ、ガス室に閉じこめて虐殺するなど、人権を踏みにじるようなことがおこなわれました。平和を実現するためには、人権（だれもがその人らしく自由に考え、意見を言い、行動できる権利）を守ることが条件になると国連は考えたのです。

　国連では1948年に、すべての国と人びとが達成すべき共通の基準として、前文と30条からなる世界人権宣言が採択されました。この30条の項目を一つひとつ見ると、国際社会が実現すべき人権とはどのようなものかがよくわかります。

社会権と自由権とは？

　ただし、世界人権宣言はめざすべき理想を示したもので、法的な拘束力（必ず守らなくてはいけない義務）はありませんでした。つまり条約ではありませんでした。

　そこで国連では1966年、世界人権宣言をもとにこれを条約化した「国際人権規約」を採

国際社会が実現すべき人権

30条からなる世界人権宣言（要約したもの）	
第1条 すべての人は、生まれたときから自由で平等	第2条 人種や皮膚の色、性別などによって差別されない
第3条 命を大切にされ、自由で安全に生きる権利がある	第4条 奴隷にされたり、苦しい労働に無理矢理つかされたりしない
第5条 拷問などのひどい扱いを受けない	第6条 どんな場所でも、人として認められる権利がある
第7条 法の下において平等な保護を受ける権利がある	第8条 権利を奪われたときには、裁判によって守られる
第9条 理由もなく逮捕されたり、閉じこめられたりしない	第10条 公正な裁判を受ける権利がある
第11条 法律にない罪で罰せられることはなく、罪が決まるまでは無罪	第12条 プライバシーや名誉を勝手に侵されない
第13条 国内を自由に移動・居住、自由に出国・帰国できる権利がある	第14条 迫害を逃れるため、国外に避難できる権利がある
第15条 国籍を持つ権利があり、勝手に国籍を奪われることはない	第16条 お互いの同意により、自由に結婚して、家庭を持つ権利がある
第17条 財産を持つ権利があり、勝手に財産を奪われることはない	第18条 思想や宗教を自由に持つ権利がある
第19条 自分の意見を自由に表現できる権利がある	第20条 平和的な集会や団体に参加できる権利がある
第21条 国の政治に参加する権利がある。	第22条 社会保障を受ける権利がある
第23条 職業を自由に選択し、失業したときには保護を受ける権利がある	第24条 仕事を休んだり、余暇を楽しんだりする権利がある
第25条 病気などで生活できなくなったときは保障を受ける権利がある	第26条 教育を受ける権利がある。初等教育までは無料でなくてはいけない
第27条 文化や芸術を楽しむ権利がある	第28条 これらの宣言を実現する権利がある
第29条 他人の自由や権利を守る義務がある	第30条 この宣言で挙げた権利をこわす行為をおこなってはいけない

択しました。国際人権規約は、社会権規約と自由権規約から成り立っています。社会権規約とは教育を受ける権利や医療サービスを利用できる権利など、国や社会が積極的に動いて実現していく必要がある権利のこと。また自由権規約とは、表現の自由や拷問や非人道的な扱いを受けない権利など、国や社会が個人の自由を侵さないことによって実現できる権利のことをいいます。

その後も国連では、各国の人権の状況を監視し、改善を働きかける機関として「**国連人権高等弁務官事務所(OHCHR)**」を設立するなど、人権の保護と促進に努めています。

世界人権宣言のポスターを見る子どもたち
世界人権宣言採択2周年記念にあたって、世界人権宣言のポスターを見つめているニューヨークの国連国際学校の保育園児たち。(1950年)

一人ひとりを大切にすることが世界平和につながるんだね

国際人権規約
International Bill of Human Rights

調印	1966年
発効	1976年
日本批准	1979年
締約国数	社会権規約・173か国／自由権規約・174か国

国として守るべき人権を定めたもの。世界人権宣言の内容をもとに、これを条約にした。教育を受ける権利など、国や社会が積極的に環境を整えることで実現できる人権（社会権規約）と、表現の自由など、国が個人の自由を守ることで実現できる人権（自由権規約）に分かれている。締約国には自国の人権の状況を報告する義務がある。

国連人権理事会(UNHRC)
United Nations Human Rights Council

設立	2006年
日本加盟	2006年
理事国	47か国
本部	ジュネーヴ（スイス）

国連の発足以来、世界人権宣言の作成など人権の保護や促進に関するテーマは、国連人権委員会が担ってきた。人権理事会は、人権委員会に代わって新たに人権問題を扱う機関として2006年に設立されたもの。各国の人権の状況の監視や報告、重大な人権侵害が発生した場合の対処や勧告（助言し、勧めること）などをおこなっている。

国連人権高等弁務官事務所(OHCHR)
Office of the United Nations High Commissioner for Human Rights

設立	1993年
本部	ジュネーヴ（スイス）

国連人権高等弁務官のもとに専門スタッフが働いており、人権理事会と協力しながら人権保護の状況についての調査や報告、人権活動に関する国際援助、教育などをおこなっている。人権理事会が人権問題に関する大きな方針や政策を作成する役割なのに対して、OHCHRでは人権の保護・促進のための実務的な活動を担当している。

▶▶▶ 他国に逃れた人びとを救う

難民や国内避難民を保護・支援するためには？

国連難民高等弁務官事務所（UNHCR）　難民条約

難民の受け入れ国がすべきこと

「世界人権宣言」（◀70ページ）の第14条には、「すべての人は、迫害を逃れるため他国に避難する権利がある」と書かれています。迫害とは、強い立場にある者が弱い人を苦しめ、人権を奪うような行為をすることをいいます。ただし他国に避難したときに、その人たちがきちんと保護されなければ、避難先でも安心して暮らすことはできません。

そこで1950年に国連が設立したのが、「**国連難民高等弁務官事務所（UNHCR）**」でした。UNHCRでは、国を追われて難民となった人びとへの生活の補助や、仕事や教育の提供などをおこなっています。さらに1951年には、難民を守るためのルールを定めた「**難民条約**」が採択されました（発効は1954年）。

難民条約では、難民を「人種や宗教、政治

爆撃を受けるパレスチナ難民
2023年10月に起きたイスラム組織ハマスによる奇襲攻撃で、パレスチナのガザ地区では多くの人が難民となった。写真はイスラエルの爆撃でテントを破壊されたパレスチナ難民たち（2024年5月）。

的な理由などで迫害を受けたために、他国に逃れた人」と定義しています。またこの定義からは外れますが、「戦争や内戦、紛争のために自国で暮らすことができなくなり、他国に逃れた人」も一般には難民とみなされます。

条約に批准した国は、他国から逃れてきた人を難民として認定した場合、彼らに対して住まいの支援をすることや、職業に就く権利や教育を受ける権利、年金などの公的サービスを受ける権利等をあたえることが義務づけられています。またどんな理由があっても、命や自由を奪われる危険がある中で、以前いた国に難民を送り返してはいけません。

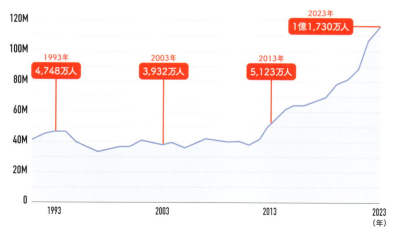

増え続ける難民の数

1993年 4,748万人
2003年 3,932万人
2013年 5,123万人
2023年 1億1,730万人

※UNHCR駐日事務所のホームページより作成

2023年末時点において、紛争や迫害、暴力、人権侵害、公共の秩序を著しく乱す事象によって、強制移動をしいられた人びとの数は、この10年で約2.5倍に増加している。

任務の幅を広げたUNHCR

難民条約には、じつは限界があります。それは「他国に逃れた人」だけを保護の対象にしていることです。戦争や内戦、紛争が起きている地域では、家を失ったり身の危険を感じたりして避難はしているが、国境をこえる手段などがないために、国内にとどまったままでいる国内避難民も数多くいます。本来であればそうした人たちに対しても、保護や支援の手を差しのべなければいけません。

そこでUNHCRでは2005年、任務の幅を広げることにしました。難民だけではなく国内避難民についても、保護や支援の対象にしました。国内避難民のためのキャンプを開設し、食料や水、医薬品を届けるといった活動を展開しています。

この10年あまりのあいだ、とても残念なことに難民や国内避難民の数は増え続ける一方になっています。故郷を追われた人の数は、2011年には約3850万人でしたが、2023年には1億1730万人までになりました。中東のパレスチナをはじめとして、多くの地域で戦争や内戦、紛争が起きており、いっこうに収まる様子がないからです。

そんな中でUNHCRの役割や、難民条約の持つ意味はますます重要になってきています。国際社会も、難民や国内避難民の数をどうすれば減らせるか、どんな保護や支援が必要とされているかについて、真剣に考え、状況の改善に向けて取り組む必要があります。

ピックアップ 日本の難民支援

日本が難民条約に批准したのは1981年のこと。難民条約が採択されたのは1951年でしたから、30年も経ってから条約に加わったわけです。条約に批准したあとも、日本は難民支援に対して、積極的とはいえません。難民の認定をおこなう基準がとても厳しく、なかなか認められないのです。2023年、難民申請をした1万3823人のうち、認定されたのは303人。認定率は3.8％でした。これはほかの先進国と比べて、きわめて低い数値です。ただしUNHCRへの拠出金額（お金を出している額）は、世界トップクラスです。

日本は難民を受け入れるのにとても消極的なんだね

国連難民高等弁務官事務所（UNHCR）
Office of the United Nations High Commissioner for Refugees

設立	1950年
日本事務所開設	1979年
本部	ジュネーヴ（スイス）

避難先での難民の生活支援や、居住や就労、教育などの権利を守るための活動に取り組んでいる。また難民が本国への帰還や、第三国（出身国や今暮らしている以外の国）への移住を希望した場合、定住補助をおこなっている。2005年には支援の対象を国内避難民にも広げた。過去に2度ノーベル平和賞を受賞している。

難民条約
Convention Relating to the Status of Refugees

調印	1951年	発効	1954年
日本批准			1981年
締約国数			146か国

難民を守るためのルールを定めた条約。条約に批准した国は人種や宗教、出身国などで難民を差別しないことや、自分の国の国民と同じように教育を受ける権利や、公的扶助・公的援助を受ける権利を難民に対して保障することなどを定めている。また命や自由の危険のある出身国に、難民を送り返してはいけないことも明記されている。

▶▶▶ すべての人に平等な機会を

人種や性別、障害で差別されない社会に

人種差別撤廃条約　　女子差別撤廃条約（CEDAW）　　障害者権利条約

黒人はバスの座席に座れない!?

　肌の色がちがう、女性である、障害を持っている……。そんな理由で生活の自由を奪われたり、十分な教育が受けられなかったり、やりたい仕事につけなかったりしたら、だれだって悔しいと思います。本人の努力や能力とは関係ないところで、将来の夢や希望が閉ざされてしまうわけですから。

　人種や性別、障害の有無を理由とした差別は、昔から世界各地で起きていました。一つひとつ例を挙げるときりがありませんが、たとえばアメリカの南部の州では1950年代まで、黒人はレストランやバス、トイレなどを白人と同じようには使えませんでした。アラバマ州では、黒人はバスの前方の座席に座ることは許されず、混んでくると後部の座席も白人に譲る決まりになっていました。そのため黒人を中心に平等を求める声が高まり、大規模な運動に発展しました。

黒人差別への抗議運動
アメリカでは黒人に対する差別がはげしく、1960年代に差別撤廃を求める公民権運動が活発化した。この運動の指導者であるキング牧師は、1963年のワシントン大行進で黒人と白人の共存を呼びかける演説をおこない、人種差別の撤廃を訴えた。

　こうした運動の結果、1964年には施設の利用や雇用、教育などについて、人種を理由とした差別を禁止する公民権法が成立しました。しかし今もアメリカでは、黒人差別はなくなっていません。たとえば白人の警察官が職務中に黒人にひどい暴力をふるい、死なせてしまうような事件が何度も起きています。

国連も差別撤廃に力を注ぐ

　アメリカで黒人差別に反対する運動が高まっていたころ、国連でも人種差別をなくすための条約づくりが進められていました。そして1965年、「人種差別撤廃条約」が採択されました。この条約は人種や肌の色、血筋などを理由とした区別や排除、制限をおこなうことを禁じたものです。条約を結んだ国には、人種差別をなくし、人種間の理解を促進するための取り組みが義務づけられています。

　続いて1979年には、「女子差別撤廃条約（CEDAW）」が採択されました。多くの国では、男子に比べて女子が教育を受ける機会が限られていたり、就職のときに男性のほうが優遇されたり、社会の中でリーダーを任せられるのは男性ばかりだったりといったことが起きています。また一部の国では、女子の人生の選択肢を狭める慣習として児童婚があります。これは、まだ子どもの年齢なのに結婚を強いられるというもの。学校にも行けず、家事に追われる毎日を過ごすことになります。また幼い年齢での出産は、体への負担が大きく、死亡リスクを高めます。

女子差別撤廃条約は、こうしたあらゆる面での女子差別をなくすためにつくられました。条約を結んだ国は、男女平等の原則を憲法や法律で定め、女子差別をなくすための政策を実施することが義務づけられています。

さらに2006年には、「障害者権利条約」が採択されました。この条約は、障害を理由とした差別の禁止や、障害者が障害を持たない人と同じように社会参加ができるための環境整備などを定めています。

差別をなくすのは簡単ではありませんが、ねばり強く取り組み続ける必要があります。

女性解放デモの様子
1970年にアメリカのワシントンDCでおこなわれた女性解放デモ。男女平等や女性解放の要求を書いた横断幕を持っている。1970年代は世界的に女性解放運動が盛んになり、女性たちはそれまでの男性中心の社会に異を唱えるようになった。

人種差別撤廃条約
International Convention on the Elimination of All Forms of Racial Discrimination

調印	1966年	発効	1969年
日本加入			1995年
締約国数			182か国

人種や肌の色、血筋などを理由とした区別や排除、制限を禁じており、条約を結んだ国には、人種差別をなくし、人種間の理解を促進するための政策に取り組むことが義務づけられている。また人種差別をあおる主張や活動を禁止し、こうした主張・活動をおこなう団体への参加は、法律による処罰の対象になることも記されている。

障害者の権利拡大を求めたデモ
フランスのストラスブールにある欧州議会前にて、車椅子に乗った障害者らが自らの権利と生活環境の改善を求めてデモをおこなっている様子。（2011年9月14日）

女子差別撤廃条約（CEDAW）
Convention on the Elimination of all Forms of Discrimination against Women

調印	1979年	発効	1981年
日本加入			1985年
締約国数			189か国

男女が平等に生きられる社会の実現をめざしてつくられた条約。条約に批准した国は、政治や経済、社会、文化など、いかなる分野においても、女性が差別されている状況をなくすために、法律をつくるなどの対策を講じることが義務づけられている。またどんな対策をおこなったかを、定期的に国連に報告することも求められている。

障害者権利条約
Convention on the Rights of Persons with Disabilities

調印	2006年	発効	2008年
日本加入			2014年
締約国数			190か国+EU

障害者に対する差別をなくし、障害者が障害のない人と同じように社会に参加できる環境を整えることをめざしてつくられた条約。条約に批准した国には、その実現に向けて必要な対策を講じることが義務づけられている。条約作成の議論の場に、障害者自身が中心メンバーとして参加して、つくられたことを特徴としている。

▶▶▶ 子どもが安心して暮らせる世界へ

子どもの命や安全を守り権利を保障する条約

`国連児童基金(UNICEF)` `子どもの権利条約`

貧困などに苦しむ子どもを支援

1946年、「国連児童基金(UNICEF)」という機関が国連の中につくられました。当時は第二次世界大戦が終わったばかりで、世界には戦争によって住む家を失い、食料にも困っている子どもたちがたくさんいました。そこで、そうした子どもたちへの支援を目的に設立されたのです。ユニセフは、栄養不足になっていた日本の子どもたちにも、学校給食用に脱脂粉乳というミルクを支給するなど、支援をおこないました。当初ユニセフは、3年だけ活動したら解散する予定でしたが、貧困などに苦しむこどもたちがいっこうに減らないことから、1953年に常設の機関にすることが決まりました。

ユニセフは現在、子どもの命を守り、成長を支えるために、保健や教育、暴力等からの子どもの保護、男女平等の実現など、さまざまな分野で活動をおこなっています。たとえば保健分野でいえば、世界には5歳未満で亡くなる子どもが年間約500万人近くいます。栄養不足や医薬品不足、不衛生な環境などが原因です。そこで多くの子どもが亡くなっている地域で、予防接種の普及や安全な水の確保、子どもたちが十分な栄養が取れるための支援などをおこなっています。

子どもも意見を表す権利がある

ユニセフは、1990年に発効した「子どもの権利条約」について、締約国が条約を実施するのを支援したり、子どもの権利の実現に向けて活動したりする役割を担っています。

子どもの権利条約とは、子どもの人権を保障するためにつくられたものです。ちなみに条約で定義されている子どもとは、18歳未満の人を指します。

子どもは、「まだ弱いので、大人から守られるべき存在である」と考えられがちです。これに対して「もちろん保護や配慮は必要だが、子どももひとりの人間として人権（権利）を持っている」という考え方を打ち出したのが、この条約の特徴です。具体的には第12条で「子どもは自分に関係することについては、自由に意見を表す権利がある。大人は、

ユニセフの主な活動

保健	HIV／エイズ	水と衛生
予防接種の普及、栄養改善など乳幼児の命を守る支援をおこなう。	「エイズのない世代」実現のため、母子感染の予防などに努める。	給水設備を整えたり、衛生習慣を広め、清潔な水を子どもに届ける。
栄養	**教育**	**子どもの保護**
子どもが持続的に食事を入手し、必要な栄養を確保できるように活動。	ジェンダーの区別なく、すべての子どもたちに質の高い教育を提供。	保護を必要とする暴力、搾取、虐待などから子どもたちを守る。
インクルージョン	**ジェンダーの平等**	**緊急支援・人道支援**
「だれもが受け入れられる社会」をめざして、政策への提言や支援をおこなう。	教育や社会参加において、男女の隔てなく平等な機会を提供する。	紛争や災害によって困難に直面した子どもたちの支援をおこなう。

ユニセフは、不利な状況にある子どもたちの命と健やかな成長を守るために、約190の国と地域でさまざまな活動をおこなっている。

※公益財団法人 日本ユニセフ協会のホームページより作成

子どもの意見をその子どもの年齢や発達に応じて考慮しなくてはいけない」ことが定められています。いくら子どもが大人からの保護を必要とする存在だからといって、大人が子どもの意見を無視して、自分の意見を子どもに押しつけてはいけないということです。そのほかにも、すべての子どもが教育を受ける権利を持っていることや、虐待などから保護される権利、休んだり遊んだりする権利があることが定められています。

世界には、学校にも行けずに1日中働かされている子どもや、「子ども兵士」といって、戦場で大人と一緒になって武器を手に戦うことを強いられている子どももいます。また戦争がなく豊かな国の中にも、自分の意思や意見を尊重されず、つらい思いをしている子どももいます。豊かな国も貧しい国も、戦争が起きている国もそうでない国も、そこで生活しているすべての子どもたちの権利を守ることを、この条約はめざしています。

子どもの権利条約を記念する行進
条約調印10周年を記念して、カンボジアの首都プノンペンでおこなわれた行進に参加する子どもたち。首相は児童虐待、特に少女人身売買を根絶する決意を語った。（1999年11月17日）

どの国で生まれたとしても、子どもの権利は守られるべきものなんだ

国連児童基金（UNICEF）
United Nations Children's Fund

設立	1946年　日本ユニセフ協会設立　1955年
活動国	約190か国・地域
本部	ニューヨーク（アメリカ）

子どもの命を守り、成長を支えるための活動をおこなっている機関。具体的には乳幼児に対するケア、エイズの母子感染の予防、衛生的な環境の確保、安全な水や栄養価の高い食事の提供、子どもたちが教育を受けられるための支援などに取り組んでいる。子どもの権利条約の作成にも加わり、締約国の条約の実施を支援している。

子どもの権利条約
United Nations Convention on the Rights of the Child

調印	1989年　発効　1990年
日本批准	1994年
締約国数	196か国・地域

子どもの人権を保障するための条約。子ども（18歳未満）は保護される対象であるとともに、ひとりの人間として人格を持ち、自分のことについて自由に意見を表す権利があることが明記されている。また差別の禁止や、子どもに関することを決めるときにはその子どもにとって最善と思われる決定をすることなどが定められている。

▶▶▶ 過酷な労働から人びとを守る

働く人たちの労働環境を改善する機関

国際労働機関（ILO）

100年以上前に設立された

みなさんもときどき新聞やテレビのニュース番組で、長時間労働などが原因で体や心を壊してしまった人についての報道を目にすることがあると思います。じつは今から100年以上前の時代は、労働者が置かれていた状況はもっとひどいありさまでした。低賃金で長時間労働、しかも不衛生な環境で働かされている人が多くいたのです。

そんな中で1919年、労働者の労働条件の改善をめざして設立されたのが「国際労働機関（ILO）」でした。最初は当時創設されたばかりの国際連盟（◀20ページ）の管理のもとで活動していましたが、第二次世界大戦後に国連が発足すると、国連の専門機関になりました。

ILOが重視している5つの分野

ILOの特徴は、政府の代表だけでなく、労働者や使用者（労働者を使う立場にある人）の代表も参加して、三者で国際的な労働基準づくりについての議論をしていることです。国際労働基準は、条約として採択される場合と、勧告（そうするように各国政府に勧めること）のかたちをとる場合があります。

このうち条約については、これまで190の条約が採択されました。右ページの図のように、さまざまな条約がつくられてきましたが、中でもILOが重視しているのが「労働者が自由に団体をつくり、使用者と話し合う権利（結社の自由・団体交渉権）」「強制労働の禁止」「児童労働の禁止」「差別の撤廃」「安全で健康的な労働環境」の5分野です。またILOが発足して最初に採択された条約が労働時間（工業）条約であったように、労働時間の改善にも力を注いできました。

ILOによる条約や勧告は、各国の労働条件の改善に大きな影響をあたえてきました。その活動が高く評価され、1969年にはノーベル平和賞を受賞しました。

今も働かされている多くの子どもたち
レンガ工場で働くパキスタン人のタミナ・サディクさん（7歳）。2000年以降、児童労働に従事する子どもの数が増加し、世界の子どもの10人にひとりが該当する。

炭鉱で働く子どもたち
産業革命時代のイギリスの炭鉱における、児童労働の様子。子どもたちは地下の狭いトンネルで過酷な長時間労働を強いられ、命令通りに作業ができないとムチで打たれた。

国際労働機関で採択された条約(一部)

ILOの重視する5分野	条約の内容
「結社(同じ目的を持つ人びとがつくる集団)の自由・団体交渉権の承認」に関する条約	**結社の自由及び団結権保護条約**　調印年 1948年　発効年 1950年 労働者が労働条件や職場環境を良くするために、自由に団体をつくることを認める条約 **団結権及び団体交渉権条約**　調印年 1949年　発効年 1951年 労働者による団体(労働組合)の活動を理由に個人を差別したりしない条約
「強制労働の禁止」に関する条約	**強制労働条約**　調印年 1930年　発効年 1932年 人びとを本人の意志と関係なく働かせることを禁止する条約 **強制労働の廃止に関する条約**　調印年 1957年　発効年 1959年 強制労働条約の内容を補う条約で、あらゆる形態の強制労働を廃止する条約
「児童労働の禁止」に関する条約	**最低年齢条約**　調印年 1973年　発効年 1976年 子どもたちの健康や安全、道徳を守るために、働き始めてもよい年齢の最低基準を定めた条約 **最悪の形態の児童労働条約**　調印年 1999年　発効年 2000年 人権を無視した労働や危険な労働など、子どもにとって有害な労働をさせることを禁止する条約
「差別の撤廃」に関する条約	**同一報酬条約**　調印年 1951年　発効年 1953年 同じ価値の労働に対して、男女の区別なく、同じだけのお金を支払う条約 **差別待遇条約**　調印年 1958年　発効年 1960年 就職や仕事の場面において、人種などによる差別を禁止する条約
「安全で健康な労働条件」に関する条約	**職業上の安全及び健康条約**　調印年 1981年　発効年 1983年 職場の安全と健康を守るための政策をつくることを各国に対して求めた条約 **労働安全衛生推進枠組条約**　調印年 2006年　発効年 2009年 職場の安全と労働者の健康を守るために、国に対して取り組みの強化を求める条約

国際労働機関(ILO)
International Labour Organization

設立	1919年
加盟国	192か国・地域
日本加盟	1919年に加盟後1940年に脱退、1951年に再加盟
本部	ジュネーヴ(スイス)

働く人たちの労働環境や労働条件の改善に取り組んでいる団体。労働時間、児童労働、人種や性別による職場での差別の禁止など、労働に関するさまざまなテーマを取り上げ、条約の採択や勧告というかたちで国際的な労働基準づくりをおこなってきた。政府、労働者、使用者によって組織が構成されていることを特徴としている。

6月12日は、児童労働の撲滅のための「世界児童労働反対デー」になってるよ

▶▶▶ 病気や出産、飢餓から人びとを守る

世界中の人たちの命と健康を守るために

`世界保健機関(WHO)` `国連人口基金(UNFPA)` `国連食糧農業機関(FAO)` ほか

感染症を抑えるしくみづくり

2020年からの数年間、世界中で新型コロナウイルス感染症が流行していた時期、その対策において重要な役割を担ったのが「世界保健機関(WHO)」でした。

WHOは、国連の専門機関（◀24ページ）です。新型コロナウイルスや新型インフルエンザのような感染症が流行の兆しを見せはじめたとき、その状況を調査します。また注意をうながす必要があるときには「国際的に懸念される公衆衛生上の緊急事態」を発出します。そして各国への情報の提供や、医薬品・物資等の支援、感染症の広がりを抑えるためのしくみづくりなどをおこないます。新型コロナウイルス感染症のときには、ワクチンを先進国と開発途上国に公平に分配するためのCOVAXというしくみをつくりました。

WHOの仕事は、感染症対策だけではありません。高血圧や肥満、がん対策のための世界共通の指針づくりや、ワクチン等の医薬品の国際基準の設定などもおこなっています。つまりWHOの役割は、世界中の人びとの健康を守り、向上させることにあります。

安全な妊娠・出産を実現する

人びとの命や健康に関わっている国際機関は、ほかにもあります。「国連人口基金(UNFPA)」が取り組んでいるのは、途上国を中心に毎日多くの女性が妊娠や出産が原因で亡くなっている中で、これを防ぎ、すべての妊娠・出産を安全なものにすることです。

途上国の中には、女性が短い期間で妊娠・出産を繰り返しているケースがあります。これは体への負担が大きく、死亡率を押し上げる要因の一つになっています。そこで国連人口基金では、家族計画（子どもを産む時期や人数を考え

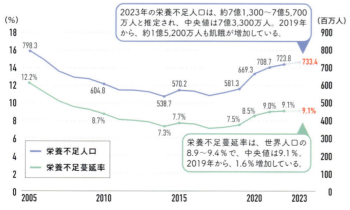

増え続ける飢餓（2024年報告）

2023年の栄養不足人口は、約7億1,300～7億5,700万人と推定され、中央値は7億3,300万人。2019年から、約1億5,200万人も飢餓が増加している。

栄養不足蔓延率は、世界人口の8.9～9.4％で、中央値は9.1％。2019年から、1.6％増加している。

※2020年から2023年の数値については、推定範囲の中央値を記載。
　中央値とは、数値データを大きさの順に並べたとき、その中央に位置する値のこと。点線は2023年の予測値。
※グラフは国際連合食糧農業機関（FAO）駐日連絡事務所のホームページより引用

2019年から2021年にかけて急激に飢餓が増えているね

新型コロナウイルスによる世界的混乱が続いている中で、食料価格の上昇もあり、食料を手に入れることがより困難になった。紛争や異常気象の発生なども影響し、飢餓はよりいっそう増加している。

て計画すること）の指導や、避妊手段の周知や支援をおこなっています。また妊娠・出産時に、産婦人科医や助産師からの専門的なケアが得られるための環境づくりも大切な仕事です。さらには性暴力から女性を守り、その心身の健康を維持するための取り組みにも力を入れています。女性の人権を守ることは、彼女たちの命と健康を守ることにつながるからです。

一方、「国連食糧農業機関（FAO）」や「国連世界食糧計画（WFP）」では、栄養不足や飢餓に苦しんでいる途上国の人びとへの支援を実施しています。国連食糧農業機関では、途上国の人たちが飢餓や貧困から抜け出すために、農業技術や井戸や貯水池などの土木技術についての指導、また飢餓や貧困撲滅のための法律作成や政策立案についてのアドバイスをおこなっています。これに対して国連世界食糧計画の役割は、実際に飢餓が発生したときに食糧支援をおこなうことです。

国連の報告書によれば、世界各地で起きている紛争や自然災害により、飢餓に直面している人の数は増加しているといいます。国連食糧農業機関と国連世界食糧計画の役割は、ますます重要になっています。

世界保健機関（WHO）
World Health Organization

設立	1948年	日本加盟	1951年
加盟国			194か国
本部			ジュネーヴ（スイス）

すべての人びとの健康を保護し、向上させることを目的に設立された。新型コロナウイルスなどの感染症対策や、高血圧・肥満・がん対策のための指針づくり、ワクチンなどの医薬品の基準づくりなどに取り組んでいる。感染症対策では、予防接種の徹底によって、かつてはたくさんの人が亡くなっていた天然痘の撲滅に成功した。

国連人口基金（UNFPA）
United Nations Population Fund

設立	1969年	日本事務所開設	2002年
活動国			155か国・地域
本部			ニューヨーク（アメリカ）

1960年代以降、開発途上国で人口が急激に増え、食糧問題などが深刻になってきたことから1969年に設立された。家族計画の指導などにより、最適な人口バランスを実現することや、特に妊娠や出産の場面での女性の健康や権利の保護に力を注いでいる。またエイズの感染予防や性暴力からの女性の保護にも取り組む。

国連食糧農業機関（FAO）
Food and Agriculture Organization of the United Nations

設立	1945年	日本加盟	1951年
加盟国			194か国（組織・準加盟国を除く）
本部			ローマ（イタリア）

人びとが飢餓や食糧不足、栄養不良に苦しむことがない社会を実現するために、農業や漁業、林業の生産性を上げ、かつ持続可能なものにするための活動に取り組んでいる。具体的には農業技術指導や、井戸や貯水池などの農業施設に関する土木指導、生産性向上のための政策立案のアドバイスなどを、各国に対しておこなっている。

国連世界食糧計画（WFP）
United Nations World Food Programme

設立	1961年	日本事務所開設	1996年
活動拠点			約120か国・地域
本部			ローマ（イタリア）

1961年、国連食糧農業機関などが食糧不足に陥っていた国々への支援計画を作成。国連世界食糧計画は、当初はその計画を実行するための期間限定の機関として発足した。だが、その後も多くの国々で飢餓が発生したため常設の機関となった。現在も飢餓や食糧不足に苦しむ人びとへの緊急支援や、長期的な支援をおこなっている。

▶▶▶ 拷問の根絶をめざして

人びとの心と体の尊厳を守り、拷問を許さない

拷問等禁止条約

なぜ拷問がおこなわれるのか

世界には、独裁者が政権を握っている国があります。こうした国でこれまで何度もくり返されてきたのが、市民への拷問でした。

独裁者にとって怖いのは、今の政治体制に反対する人たちが反政府運動を起こし、政権が倒れてしまうことです。そこで軍隊や警察の力を使って反対派の人たちを捕まえ、人びとから隔離された場所に監禁したうえで拷問をするのです。たとえばチリのピノチェト政権は、1973年から17年間にわたって独裁政治を続けているあいだ、一説には1万人以上の市民に対して拷問をおこない、3000人以上が殺されたといわれています。

拷問の目的は、ほかの反対派メンバーの名前や、反政府運動の計画などの情報を得るためです。また社会全体に恐怖を広める目的もあります。反対運動をすると、政府から厳しい拷問にあい、最悪の場合は殺されるかもしれないとなれば、多くの人は抵抗するのをやめます。それが独裁者のねらいです。

そこで、こうした残虐なおこないが根絶されることをめざして、1987年に発効したのが「拷問等禁止条約」でした。この条約では、公務員などの公的な立場にある者や、そうした人物の指示のもとに動いている者が、情報や自白を得たり、脅迫したりすることを目的に、故意に人に苦痛を与えることを「拷問」と定義しています。身体的な苦痛だけでなく、精神的な苦痛も拷問に含まれます。そして拷問を全面的に禁止しています。

拷問は独裁国家だけでなく、民主主義国家でもおこなわれる恐れがあります。たとえば警察官が容疑者から自白を引き出すために、暴力を振るったり脅迫したりすれば、拷問に該当します。条約に照らし合わせれば、当然許されない行為です。

拷問等禁止条約
Convention against Torture and Other Cruel, Inhuman or Degrading Treatment or Punishment

調印	1984年	発効	1987年
日本加入			1999年
締約国数			174か国

情報や自白を得たり、脅迫したりすることを目的に身体的、精神的に苦痛をあたえる行為を拷問とみなし、これを禁止した条約。条約の批准国は、国内で拷問がおこなわれないようにするために、必要な対策を講じることが義務づけられている。またもといた国に戻すと、拷問される危険がある人を追放してはいけないことも定められている。

ミャンマーの軍事政権反対デモの様子（2022年）
内戦が続くミャンマーでは、軍による拷問が問題化している。なお、ミャンマーは拷問等禁止条約に批准していない。

▶▶▶ 平和のためにできること

「平和のとりで」を築く UNESCOの活動とは？

国連教育科学文化機関（UNESCO）　　世界遺産条約

教育と文化と科学が平和のカギ

国連の専門機関（◀24ページ）の中でも、戦争のない社会や、人びとの権利が尊重される社会の実現をめざして、ユニークな活動をおこなっている組織があります。**国連教育科学文化機関（UNESCO）**です。

UNESCOの理念を定めたユネスコ憲章前文に、次の言葉があります。「戦争は人の心の中で生まれるものであるから、人の心の中に平和のとりでを築かなければならない」

では、人の心の中に平和のとりでを築くためにはどうすればいいのでしょうか。UNESCOは、特に教育と文化と科学が大切になると考えました。

教育を受けることで人びとは、社会のしくみや自分にあたえられている権利を知り、自分を守ることができます。さらには知識を得ることで、知らないがゆえに生まれる差別や偏見をなくすことができます。また世界にはさまざまな文化があることを知れば、その文化や、そこで暮らしている人たちを尊重する気持ちが育まれます。そして科学は、貧困問題や環境問題など、さまざまな社会問題を解決するうえで重要な役割を果たします。

そこでUNESCOでは、「世界中のすべての人が質の高い教育を受けられるようになるための支援」や「世界の多様な文化遺産の保護」「科学技術の発展や、科学知識の共有化の支援」などに取り組んでいます。

UNESCOの取り組みの中でも有名なのが、**「世界遺産条約」**とその認定です。これは人類にとって大切な価値を持つ文化や自然に関する遺産（後世に残すべき貴重なもののこと）を破壊や損傷などから保護し、守っていくことを目的としています。こうして人類の遺産を守ることが、平和な社会を実現していくうえで欠かせないとUNESCOは考えているのです。

国連教育科学文化機関（UNESCO）
United Nations Educational, Scientific and Cultural Organization

設立	…1946年	日本加盟	…1951年
加盟国	…194か国（準加盟地域を除く）		
本部	…パリ（フランス）		

教育・科学・文化を通じて、国際平和の実現と福祉の促進を図ることを目的に設立された。教育分野では開発途上国の人たちの識字率を向上させるプロジェクト、文化分野では世界遺産の認定などを実施。また途上国の人たちが、適切な情報や知識を入手できる環境を整えるため、報道の自由の促進にも取り組んでいる。

世界遺産条約
Convention Concerning the Protection of the World Cultural and Natural Heritage

調印	…1972年	発効	…1975年
日本締結			…1992年
締約国数			…196か国

人類共通の遺産である文化遺産や自然遺産を、損傷や破壊から保護するための条約。条約に批准した国は、世界遺産に認定された遺産の保護や保存が義務づけられるとともに、必要に応じて技術面や資金面での国際的な援助が受けられる。世界遺産の認定は、各国が推薦した遺産の一覧表をもとにUNESCO世界遺産委員会がおこなう。

---

1 国と国の関係
2 国連と地域統合
3 戦争や兵器のルール
4 環境問題とSDGs
5 人権と共生社会
6 経済や貿易のルール
7 NGO・企業・仮想空間

国際社会のはてな？
移民をめぐる問題って何？

第二次世界大戦後、移民が増えていった西欧諸国では、もとからいた人たちと移民との共生が課題になっている。

移民の増加で出てきた課題

　第二次世界大戦後、イギリスやフランス、西ドイツ（今のドイツ）といった西欧諸国は、戦争の痛手から立ち直り、経済復興と成長のために、多くの働き手を必要としていました。そこでこれらの国が積極的におこなったのが、移民の受け入れでした。

　移民とは、ある国からちがう国に移り住む人のことを言います。西欧には、北アフリカや中東などから、仕事を求めて多くの人が移り住みました。1970年代に入ると、経済成長が一段落したことにより西欧諸国は移民の受け入れを制限し始めましたが、すでに移り住んでいた人が家族を呼び寄せたため、移民の数は増え続けました。

　また1993年に発足したEU（◀28ページ）は、加盟国内の自由な移動を認めたため、2004年以降、東欧諸国のEU加盟が進むと、東欧から西欧への移民も増加しました。

　移民は、たしかに西欧諸国の労働者不足を解消するうえで有効な政策でした。しかし課題も出てきました。もともと住んでいた人たちと移民とでは、生活習慣や宗教が異なるため、住民間でトラブルが発生するようになったのです。また言葉の壁などから、学校において移民の子どもの学習が遅れたり、大人が希望する仕事に就けなかったりといったことも起きました。西欧諸国は、「異なる人たちをどう一つにまとめるか」という難しい問題への対処を迫られることになりました。

異なる人と共生できる社会へ

　西欧諸国では、自国の文化や習慣、言語を移民に全面的に受け入れさせようとしたこともありました。しかし移民の中には自分たちの文化を否定されたと感じ、不満やストレスを感じる人が多く出てきました。そこで今度は、移民の多様な文化や習慣、言語を尊重する多文化主義政策を採用したのですが、これでは異なる文化を持つ人びとのあいだでの交流や理解が進まず、国は一つにまとまらないままです。そこで現在は統合政策といって、移民と受け入れ国の人たちが互いを認めながら共生できる社会の実現を模索中です。たとえば移民に対しては、出身国の言語の使用を認めながら、受け入れ国の言語の習得を支援するといったことをおこなっています。

　日本も今、外国人労働者の受け入れの拡大を議論しており、今後は移民が増えてくることが予想されます。どうすれば異なる文化や習慣を持つ人たちとうまく暮らせる社会を築いていけるか、日本が西欧諸国の取り組みから学べることは多いといえます。

移民の多い国ランキング（2020年）

1	アメリカ	50,632,836人
2	ドイツ	15,762,457人
3	サウジアラビア	13,454,842人
4	ロシア	11,636,911人
5	イギリス	9,359,587人
6	アラブ首長国連邦	8,716,332人
7	フランス	8,524,876人
8	カナダ	8,049,323人
9	オーストラリア	7,685,860人
10	スペイン	6,842,202人
〜		
24	日本	2,770,996人

※「世界の移民人口 国別ランキング・推移 – GLOEAL NOTE」より

アメリカは世界でもっとも多くの移民を受け入れている国であり、たくさんの人たちが経済的または政治的な理由で移住している。しかし同時にアメリカでは、不法移民の問題も深刻化している。

第6章
経済や貿易のルール

第6章では、世界経済の安定ために結ばれた、さまざまな協定や枠組みについて紹介するよ

資源に乏しい日本は、石油や天然ガスなどを海外から輸入し、一方で自動車や電化製品などを海外に輸出しています。逆に資源が豊富な国は、資源を輸出する代わりに、国内で不足するものを輸入しています。
もし各国間でこうした貿易がおこなわれなくなれば、人びとの生活は大きく制限され、豊かさを失ってしまうでしょう。
そこで国際社会では、貿易を活発にするためのルールを定め、WTO（世界貿易機関）などの国際機構を設立してきました。第6章では、貿易のルールづくりや、貿易を取りまくさまざまな課題を見ていきます。また、世界には経済発展が遅れている国々があり、深刻な貧困に苦しむ人びとも大勢います。そうした国々の発展を支援するため、世界銀行などの国際機構がどのような取り組みをおこなっているのかについても解説します。

▶▶▶ 経済の安定が平和への道

国同士の自由な貿易が大切な理由とは!?

関税と貿易に関する一般協定（GATT）　　国際通貨基金（IMF）

経済が原因で戦争が起きた！

第二次世界大戦が起きた理由の一つに、経済の問題がありました。

1929年、世界恐慌という深刻な経済危機が起きました。この危機を乗りこえるため、イギリスやフランスなどがおこなったのが、ブロック経済といって、自国の植民地や同盟国以外の国に高い関税（輸入品にかける税金）をかけるというものでした。払わなくてはいけない関税が高くなれば、貿易はやりにくくなります。そうやって他国をしめ出したうえで、自国の経済圏内での貿易を盛んにすることで、自分たちだけを守ろうとしたわけです。

一方、日本やドイツには、ブロック経済圏をつくるだけの経済規模の植民地がありませんでした。そこでこれらの国々は、軍隊を使って他国の領土を奪うことで、自国の経済を立て直そうとしました。しかし武力に訴えたことで、国際的な対立がはげしくなり、第二次世界大戦につながってしまったのです。

関税の引き下げに取り組んだ

戦後、国際社会は「ブロック経済が戦争を起こすきっかけとなってしまった」という反省から、自由貿易を基本とした国際貿易の秩序づくりに取り組むことにしました。自由貿易とは、貿易をおこなう際の関税やさまざまな規制をできるだけ少なくするというものです。自由貿易によって各国間の貿易が活発になれば、関係性も深まり、戦争が起きる可能性を減らすことができると考えたのです。

自由貿易を進めるうえで大切な役割を担ったのが、**「関税と貿易に関する**

自由貿易の進展で貿易額が増加

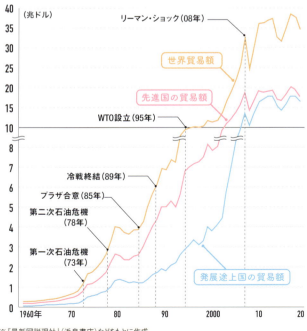

自由貿易のおかげで世界の経済は発展したんだなぁ

第二次世界大戦後、自由貿易化が推し進められ、世界の貿易額は順調に増加してきた。近年は中国はじめ開発途上国の成長もめざましい。

※『最新図説現社』（浜島書店）などをもとに作成
※貿易額は輸入国と輸出国の合算

戦後に経済体制が整えられた

体制	関税と貿易に関する一般協定(GATT) →のちにWTOとなる	国際通貨基金(IMF)	国際復興開発銀行(IBRD)
設立・発足	1948年 1995年世界貿易機関(WTO)へ	1946年	1946年
加盟国	WTOは165か国・地域＋EU(GATTは1994年時点で128か国)	191か国	189か国
目的	貿易の自由化・関税の引き下げ	為替相場の安定化 経済危機の際の経済援助	開発途上国への援助

※『ライブ!2023 公共、現代社会を考える』(帝国書院)などをもとに作成
ブロック経済の反省を踏まえ、戦後に自由貿易化を推進するGATT(のちにWTOに移行)、通貨の為替レートを
安定させるIMF、途上国への援助をおこなうIBRDが設立され、自由貿易を基本とする国際経済体制ができた。

一般協定(GATT)」という条約でした。1947年以降、この条約に批准した国々のあいだで何度も交渉の場が持たれ、関税が徐々に下げられていきました。なぜ一気に下げられなかったかというと、関税が低くなれば他国から安い商品が入ってきて、自国の産業が衰退する危険もあるからです。しかしそれでも各国は「世界全体の経済のことを考えれば、自由貿易のほうがいい」と判断し、関税の引き下げや規制の撤廃に前向きに取り組んでいきました。1995年には自由貿易をさらに強力に推し進めるため、GATTを発展的に改組してWTO(世界貿易機関)が設立されました。WTOについては、88ページでくわしく解説します。

第二次世界大戦後には、「国際通貨基金(IMF)」と国際復興開発銀行(IBRD)もつくられました。IMFは各国の通貨の交換レートを安定させ、国際的なお金の流通をスムーズにすることを目的とした機関です。ブロック経済の時代、各国が自国の都合で通貨の価値を変えたため、混乱が起きたことへの反省を踏まえたものでした。またIBRDは戦争で傷ついた国々にお金を貸すことで、経済復興を支援する機関として設立されました。IBRDについては98ページでくわしく解説します。

IMFによって国際的な金融の安定を図り、IBRDによって各国の経済復興を推し進め、GATTによって国同士の貿易の活発化を図る。こうして世界経済を発展させていくことをめざしたのです。

関税と貿易に関する一般協定(GATT)
General Agreement on Tariffs and Trade

調印	1947年	発足	1948年*
日本加盟			1955年
締約国数			128か国・地域＋EU(1994年時点)

高い関税の引き下げなどにより、自由貿易を実現することを目的とした条約。1995年までは正式な条約としては発効しなかったが、「暫定的に適用する」という特別なかたちで、実質的には国際貿易のルールとして機能した。その後GATTの内容は更新され、1995年のWTO設立時にWTO協定の一部として発効した。

国際通貨基金(IMF)
International Monetary Fund

設立	1946年	日本加盟	1952年
加盟国数			191か国
本部			ワシントンD.C.(アメリカ)

設立当初は各国の通貨の価値を安定させ、国際的な資金のやりとりをスムーズにすることが主要な役割だった。1970年代以降、為替レートが変動するようになると、世界の金融システムの監視や、経済危機に陥った国への融資や助言が中心的な役割となる。近年では、貧困削減や持続可能な経済成長の支援にも取り組む。

＊発効にいたらなかったため暫定的な適用を開始

▶▶▶ 自由貿易を推し進めたいけれど…

WTOがめざす世界と直面している課題

世界貿易機関（WTO）

自由貿易を進めるための機関を設置

1995年、自由貿易をさらに推し進めていくための機関として、**「世界貿易機関（WTO）」**が設立されました。それまでは「関税と貿易に関する一般協定（GATT）」という条約にもとづいて貿易のルールを定めていましたが、貿易に関する国際機構はありませんでした。当初は国際機構をつくる計画でしたが、反対する国などがあって実現しなかったのです。

GATTだけでも世界の自由貿易化に向けて一定の成果をあげることはできたものの、やはり機構がないのは何かと不都合でした。たとえば貿易のルールを守っているかどうかをめぐって国同士で対立が起きたときには、それを公平に解決する力を持った機関がなければ、問題の解決は難しくなってしまいます。さらには時代とともに貿易の内容が複雑になっていき、GATTだけでは対応できないことが出てきました。

GATTが主に対象としていたのは、自動車や小麦といったモノの貿易でした。しかし次第に観光や保険といった「サービス」の取引が増え、さらに特許や著作権などの「知的財産権」を国際的に守ることが重要になってきました。そこで組織の中に紛争解決機関を設置し、モノだけではなくサービスや知的財産権の問題も扱う国際機構として、WTOが設立されることになったのです。

行き詰まっている各国の交渉

現在、WTOの加盟国は165か国・地域とEUであり、GATT（1994年時点で128か国）のときと比べて大きく増えています。そのぶん

モノだけでなくサービスや著作物の取引も増えたんだね

GATTとWTOは何がちがうの？

関税と貿易に関する一般協定（GATT）		世界貿易機関（WTO）
弱い	紛争処理強制力	強い（審査委員会の最終決定に必ず従わなくてはいけない）
モノ	紛争処理の対象	モノ・サービス・知的財産権
2〜3年かかる	処理期間	15か月以内の解決が目安
規定があいまい	貿易ルールの有無	調査機関を明確化するなど自由貿易のためのルールが確立
調印国の1国でも反対したら対外措置はおこなえない	紛争処理の決定方法	全加盟国の反対がない限り対抗措置をおこなえる
重要な貿易問題の交渉・処理がGATTを通さずにおこなわれることが多かった	問題点	加盟国の意見の対立で、交渉が停滞。アメリカなど主要国の脱退で弱体化する可能性がある

※『最新図説現社』（浜島書店）などをもとに作成

GATTは国際機構ではなく多国間協定の一つ。そこで、1995年に国際機構としてWTOが設立された。WTOでは、加盟国間の紛争を処理する機能が強化され、モノだけでなくサービスや知的財産権などの貿易にも国際的なルールが定められた。

農業の自由貿易に対する各国の考え

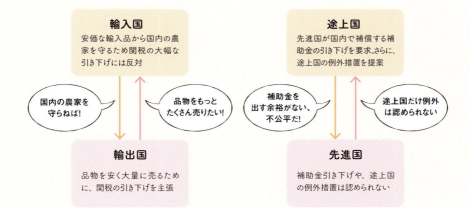

　各国が同じルールのもとに貿易がおこなえる環境が整い、WTO発足以降、国際貿易はさらに活発になっていきました。

　しかしWTOは2008年ごろから、活動にブレーキがかかるようになりました。GATTのときと同じく、WTOでも長期にわたる加盟国同士の交渉によって、貿易に関する新しいルールを決めていきます。2001年から始まったドーハ・ラウンドという交渉では、農産品や鉱工業品の関税の引き下げが大きなテーマとなりました。しかしこれがうまくいかなかったのです。

　農産品でいえば、輸出国と輸入国のあいだで対立が発生しました。輸出国としては、関税が低ければ農産品が売れやすくなります。逆に輸入国は、安い農産品が入ってくると国内の農家は大打撃を受けます。そのためカナダやオーストラリアなどの輸出国は関税の引き下げを求めたのに対して、日本などの輸入国がこれに反対したことにより、交渉が止まってしまったのでした。

　さらに先進国と開発途上国の対立も起きました。先進国は農家を守るために補助金を出せますが、途上国にはそうした経済的な余裕はありません。そこで途上国は、「先進国の農家は、補助金をもらっているぶん安い価格で農産品を売ることができるから不公平だ」として、補助金の大幅削減を要求。この対立の溝も埋めることができませんでした。

　ただし2008年以降、まったく交渉がストップしているわけではありません。2022年に開催された第12回WTO閣僚会議では、密漁などの違法な漁業に対して、補助金を出さないことで各国が合意をしました。これは関税の撤廃に関する合意ではありませんでしたが、SDGs（◀60ページ）の達成のためには大きな意味を持った合意でした。とはいえWTOの活動が停滞しており、交渉がなかなか前に進んでいないのは事実です。

世界貿易機関（WTO）
World Trade Organization

設立	1995年	日本加盟	1995年
加盟国	165か国・地域＋EU
本部	ジュネーヴ（スイス）

自由貿易の促進を図るための国際機構。❶加盟国間での交渉による世界共通の貿易ルールづくり、❷各国が決められたルールを守っているかどうかの監視、❸国家間で貿易に関する対立が起きたときの解決の支援と、ルール違反をしている国への勧告の役割を担っている。加盟国間の対立により、2008年以降活動が停滞している。

▶▶▶ 2国間や多国間で結ぶ協定

日本も各国と結んでいるFTAやEPAって何？

環太平洋パートナーシップに関する包括的及び先進的な協定（CPTPP）　ほか

FTAやEPAの締結が活発になる

「WTO（世界貿易機関）」の活動が停滞している一方で、近年盛んになっているのが「FTA（自由貿易協定）」や「EPA（経済連携協定）」です。WTOが世界共通の貿易ルールを定めることをめざしているのに対して、FTAとEPAは2国間や地域内のいくつかの国で、貿易などのルールを定めるものです。国の数が少なければ、そのぶん合意もしやすくなります。WTOの交渉が思うように進まなくなっている中で、各国は貿易の促進を図っていくために、WTOの代わりにFTAとEPAの締結に積極的になっているわけです。

FTAは、協定を結んだ国同士で関税をなくしたり下げたりすることで、自由な貿易を実現するものです。一方EPAは、FTAの内容に加えて、投資や人の移動、知的財産の保護など、幅広い分野を対象としています。一般的な傾向として、FTAの中には3か国以上の多国間で協定を結ぶケースも多いのに対して、EPAは2国間協定が中心です。EPAはより幅広い分野で合意を得る必要があるため、多国間よりは2国間のほうが細かい調整ができ、交渉を進めやすいためです。

FTAとEPAのちがい

経済連携協定（EPA）
FTAに加え、ヒト・モノ・カネの移動の自由化をめざす。投資規制の撤廃や人や文化の交流の拡大、各分野の協力、知的財産制度などの政策調整などをおこなう。

自由貿易協定（FTA）
加盟国間の関税や輸出入制限、サービス貿易の障壁などを撤廃する。

※『ライブ!2023 公共、現代社会を考える』（帝国書院）などをもとに作成

アメリカの離脱を乗りこえ発効

日本は2002年に日・シンガポールEPAを締結したのを皮切りに、2000年代後半から

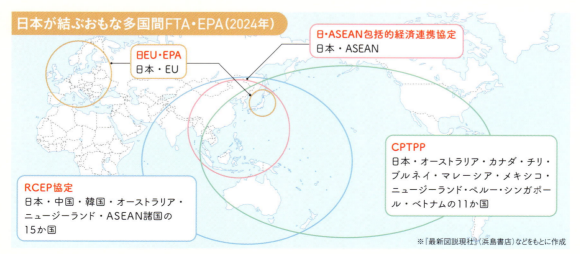

日本が結ぶおもな多国間FTA・EPA（2024年）

日EU・EPA　日本・EU

日・ASEAN包括的経済連携協定　日本・ASEAN

CPTPP　日本・オーストラリア・カナダ・チリ・ブルネイ・マレーシア・メキシコ・ニュージーランド・ペルー・シンガポール・ベトナムの11か国

RCEP協定　日本・中国・韓国・オーストラリア・ニュージーランド・ASEAN諸国の15か国

※『最新図説現社』（浜島書店）などをもとに作成

WTOの停滞にともない日本はさまざまなFTAとEPAを積極的に結ぶようになった。このほか2国間のものを合わせると、日本は2024年9月の時点で合計21のFTA・EPAを結んでいる。

FTAやEPAの締結に積極的になりました。

日本が結んでいる経済協定の中でも重要なものの一つが、「環太平洋パートナーシップに関する包括的及び先進的な協定（CPTPP）」です。これは日本やカナダ、オーストラリアなどアジア太平洋地域の11か国が参加している協定で、2018年に発効しました。米や牛肉、工業製品といったモノの関税の引き下げや撤廃だけでなく、電子商取引のルールや知的財産権の保護など、近年重要度を増している分野についても対象にしている点が特徴です。

この条約には、当初アメリカも参加する予定でした。ところが2017年、当時のトランプ大統領が条約からの離脱を表明しました。「条約によって関税が引き下げられたり撤廃されたりすれば、安い商品がアメリカに入ってくるようになるため、アメリカの産業にとって不利になる」というのが、トランプの言い分でした。こうしてアメリカが離脱したため、残る11か国で再び交渉が始められ、調印、発効にこぎつけられたのでした。

もう一つ高い注目が集まっているのが、2022年に発効した「地域的な包括的経済連携（RCEP）協定」です。これはASEAN（◀32ページ）の10か国に日本、中国、韓国、オースト

ラリア、ニュージーランドを加えた経済協定で、工業製品や農林水産品の関税の撤廃などについて定めたものです。中でも工業製品については、全品目のうちの約9割の品目の関税を撤廃することで合意しました。

RCEPに参加している中国は、日本にとって最大の貿易相手国、また韓国は第3位の相手国です。こうした国と関税の撤廃に関する協定が結ばれたことで、貿易がますます活発になることが期待されます。ほかにも「日EU経済連携協定」など、日本はさまざまな国や機構とFTAやEPAを結んでいます。

環太平洋パートナーシップに関する包括的及び先進的な協定（CPTPP）
Comprehensive and Progressive Agreement for Trans-Pacific Partnership

調印	2018年	発効	2018年
日本発効年			2018年
締約国数			11か国

アジア太平洋地域の国々が参加して、工業製品などのモノの関税の引き下げや撤廃、投資の自由化、知的財産権の保護などについて共通のルールを定めた協定。当初はアメリカも参加予定だったが、2017年に離脱を表明したため、残った11か国で交渉をし直し、2018年に調印・発効した。2025年12月までに新たにイギリスも参加予定。

地域的な包括的経済連携（RCEP）協定
Regional Comprehensive Economic Partnership Agreement

調印	2020年	発効	2022年
日本発効年			2022年
締約国数			15か国

ASEAN10か国に加え日本や中国、韓国などが参加し、2022年に発効した経済連携協定（EPA）。工業製品などの関税引き下げ・撤廃、知的財産権の保護など、20分野で共通のルールが設けられた。日本にとって最大の貿易相手国である中国、第3位の韓国とEPAを結ぶのは初めてであり、さらなる貿易の活発化が期待される。

日EU経済連携協定（日EU・EPA）
Agreement between the European Union and Japan for an Economic Partnership

調印	2018年	発効	2019年
日本発効年			2019年
締約当事者			日本、EU

日本とEUが締結した経済連携協定（EPA）。EUが日本から輸入する工業製品や農産品のうち約99%の品目で関税が撤廃され、日本がEUから輸入する品目のうち約94%で関税が撤廃されることになった。ただしすぐに関税が撤廃されるものもあれば、EUが日本から輸入する自動車など、段階的に削減されるものもある。

▶▶▶ 地域ごとの経済的な枠組み

世界各国がさまざまな経済協定を結んでいる

`アフリカ大陸自由貿易協定(AfCFTA)` `ASEAN経済共同体(AEC)` `南米南部共同市場(MERCOSUR)` ほか

ほとんどのアフリカの国が参加

90ページでは、日本が結んでいる「自由貿易協定（FTA）」や「経済連携協定（EPA）」を見てきましたが、世界に目を向けるとほかにもさまざまな経済協定があります。

たとえば、2019年に発効した「**アフリカ大陸自由貿易協定(AfCFTA)**」もその一つ。これはアフリカ大陸内の関税の撤廃や貿易ルールの共通化を図るものです。すでにアフリカ連合に加盟している55か国（地域を含む）のうち54か国が調印（批准は48か国）しており、参加国の数では世界最大規模の協定です。

また協定というかたちではなく、「**ASEAN経済共同体(AEC)**」や「**南米南部共同市場(MERCOSUR)**」など、貿易に関する枠組みをつくって、関税の撤廃などの貿易の自由化に取り組んでいる地域もあります。

FTAやEPAが抱える課題

ただし経済協定の中には、自由貿易の推進以外の目的を持つものもあります。2020年に発効した「**アメリカ・メキシコ・カナダ協定(USMCA)**」がそうです。

アメリカ、メキシコ、カナダの3か国間では、もともとは「北米自由貿易協定（NAFTA）」が結ばれていました。これは3か国間の関税を撤廃するなど、自由貿易の実現をめざしたものでした。しかし当時アメリカの大統領だったトランプは、「関税が撤廃されたことで、アメリカの産業が衰退し、雇用が守られなくなった」としてNAFTAを問題視。メキシコやカナダと交渉を重ねたうえで、USMCAという新しい協定を発効させたのです。USMCAには、自動車のアメリカへの輸出量が一定台数をこえたら、高い関税を課すなど、自由貿易とは逆行する内容が多く含まれています。

また現在多くの国々で結ばれるようになっているFTAやEPAについては、「自由な貿易を実現するうえで、かえってマイナスなのではないか」という意見もあります。

たとえばいくつかの国々がFTAやEPAの協定を結んでグループをつくれば、たしかにそのグループ内では関税が撤廃され、貿易がしやすくなります。一方グループに入っていない国は、相変わらず関税が発生するため、貿

経済統合には段階がある

段階	内容	具体例
FTA(自由貿易協定)	域内の関税・数量制限をなくす	AEC
関税同盟	域外の国に対して共通の関税を適用	メルコスール
共同市場	資本・労働の自由な移動を認める	EU
経済同盟	域内の経済政策の調整	EU
完全な統合	超国家機関による政策の統一	なし

※『最新図説現社』（浜島書店）などをもとに作成

FTAやEPAのほかにも、さまざまな枠組みがあり、経済統合がさらに進むと、EUのようにヒトやモノの自由な移動を認めたり、経済政策の調整などをおこなったりできる。

易をおこなううえで不利になります。つまり仲間外れにされてしまうわけです。

86ページでは、世界恐慌の際にイギリスやフランスなどが採用したブロック経済（自国の植民地や同盟国以外の国に高い関税をかけたこと）が、第二次世界大戦が起きる理由の一つになったという話をしました。FTAやEPAについては、「ブロック経済と同じではないか、世界を分断させることになりかねない」といった批判があるのです。

FTAやEPAが抱えるこうした課題を見ると、世界中の国々が参加し、共通のルールで貿易をおこなうWTO（◀88ページ）の理念は、やはり理想的な姿といえます。停滞が続くWTOの状況を改善するために、国際社会は知恵をしぼる必要があります。

協定に入れないと仲間外れになっちゃうよ

アフリカ大陸自由貿易協定 (AfCFTA)
African Continental Free Trade Agreement

調印	2018年
発効	2019年
締約国数	48か国・地域

アフリカ大陸内の関税を撤廃し、貿易ルールを共通化することで、アフリカの経済的な競争力の強化を図ることを目的として締結された条約。アフリカにあるすべての国の参加をめざす。ほかの地域と比べてアフリカは、地域内の国同士の貿易の額が低いことが課題であり、協定によって状況が改善されることが期待されている。

ASEAN経済共同体 (AEC)
ASEAN Economic Community

設立	2015年
加盟国	10か国

東南アジア諸国連合（ASEAN）に加盟している10か国が参加。加盟国内の経済協力拡大を目的に設立されたASEAN自由貿易地域（AFTA）をさらに発展させるために、2015年に設立された。加盟国内の関税の撤廃や、外国資本による投資の活発化、人の移動の自由化などを図っていくことをめざしている。

南米南部共同市場 (MERCOSUR)
Mercosur; Southern Common Market

設立	1995年
加盟国	5か国*
事務局・議会	モンテビデオ（ウルグアイ）

アルゼンチン、ブラジル、パラグアイ、ウルグアイ、ボリビアの5か国が加盟。加盟国の関税の撤廃や規制を廃止することで、モノやサービスの自由な流通の実現をめざして設立された。現在、自動車、自動車部品、砂糖を除いて、加盟国内の関税を原則ゼロ（ただし国ごとに保護品目を設けることが認められている）となっている。

アメリカ・メキシコ・カナダ協定 (USMCA)
United States-Mexico-Canada Agreement

調印	2018年
発効	2020年
締約国	アメリカ、メキシコ、カナダ

アメリカ、メキシコ、カナダの3か国では、自由貿易の促進をめざし、1994年に北米自由貿易協定（NAFTA）を発効していた。USMCAはNAFTAの内容を見直して、3か国間で新たに協定を見直したもの。アメリカへの自動車の輸出量に制限をかけ、上回った場合は高い関税を課すなど、自由貿易に逆行する内容が含まれている。

*ベネズエラは正式加盟国だったが、2017年から加盟資格停止

▶▶▶ 経済や産業に関するさまざまな組織

国際的な経済協力には多様なかたちがある

`経済協力開発機構(OECD)` `アジア太平洋経済協力(APEC)` `石油輸出国機構(OPEC)` ほか

先進国を中心とした国際機構

世界の国々は、貿易や関税に関すること以外にも、世界経済の安定や発展を図るために、多様な協力体制を築いています。

「経済協力開発機構(OECD)」もその一つです。OECDは、別名「先進国クラブ」ともいわれており、もともとはヨーロッパ諸国やアメリカ、日本といった先進国を加盟国とした国際機構でした。しかし1990年代以降は、メキシコ、チェコ、ハンガリーなど、それまで先進国と呼ばれていなかった国々も次々と加わり、より大きな組織に発展しました。

OECDは、「経済成長」「開発途上国支援」「自由で多角的な貿易の拡大」の三つに貢献することを目的としています。その実現のために各国の経済政策や貿易、投資、環境保護などさまざまなテーマについて調査や分析、解決策についての提案をおこなっています。

また「アジア太平洋経済協力(APEC)」は、日本も含めたアジア太平洋地域の21の国・地域が参加する経済協力の枠組みです。APECがめざしているのは、この地域の「貿易や投資の自由化・円滑化」と「経済・技術協力の推進」です。APECでは定期的に加盟国が集まって首脳会談(大統領や首相による会議)や閣僚会議(大臣クラス)が開催されており、加盟国内の課題はもちろんのこと、テロ対策問題など、地球規模の課題についても対策が話し合われています。

世界中のリーダーが議論する場

国際社会では、特定の産業や資源の保護・発展を目的とした国際機構も設立されています。有名なところでは「石油輸出国

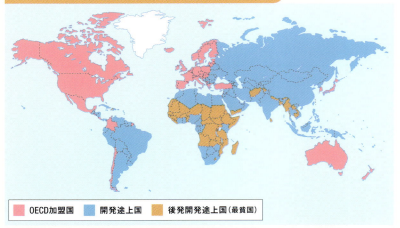

OECD加盟国と開発途上国・最貧国(2024年)

凡例: OECD加盟国 / 開発途上国 / 後発開発途上国(最貧国)

※OECD資料、『ライブ!2023 公共、現代社会を考える』(帝国書院)などをもとに作成

OECD加盟国
ドイツ、フランス、イタリア、オランダ、ベルギー、ルクセンブルク、フィンランド、スウェーデン、オーストリア、デンマーク、スペイン、ポルトガル、ギリシャ、アイルランド、チェコ、ハンガリー、ポーランド、スロヴァキア、エストニア、スロベニア、ラトビア、リトアニア、日本、イギリス、アメリカ合衆国、カナダ、メキシコ、オーストラリア、ニュージーランド、スイス、ノルウェー、アイスランド、トルコ、韓国、チリ、イスラエル、コロンビア、コスタリカ

先進国が中心に加盟するOECDは、開発途上国・最貧国への支援や、自由貿易の推進、経済発展などをめざしている。経済政策や貿易、投資などさまざまなテーマについて、意見交換をおこなっている。

機構（OPEC）」があります。OPECにはサウジアラビアやイラクといった石油の産出国が加盟しており、石油の生産量や価格についての調整をおこなっています。生産量や価格を安定させることで、自国の収入の安定を図るとともに、輸出国への石油の安定供給を目的としています。

　そのほかにユニークな存在として、世界中の政治や経済、社会のリーダーが集まり、経済問題だけでなく、ITやAI、遺伝子操作、地球温暖化などさまざまなテーマについて話し合うための会合を開催している「世界経済

フォーラム（WEF）」という組織もあります。年に1回、スイスのダボスで開かれるダボス会議が有名です。世界を代表するリーダーたちが今世界で起きている問題や、めざすべき世界のあり方を共有する場として、とても重要な役割を担っています。

　このページで紹介した組織は、それぞれ目的も活動内容も異なります。世界経済は複雑で、いろいろな要素が作用して大きく揺れ動きます。だからこそ、多角的な視点から問題解決に取り組んでいくために、特色ある国際的な組織の存在が重要になります。

経済協力開発機構（OECD）
Organisation for Economic Co-operation and Development

設立	1961年	日本加盟	1964年
加盟国			38か国
本部			パリ（フランス）

「経済成長」「開発途上国支援」「自由かつ多角的な貿易の拡大」への貢献を目的に設立された。加盟国は先進国が中心。各国の経済政策や規制、貿易・投資、環境・持続的な開発、公共ガバナンス（政府や公的機関の運営方法のこと）など、経済や社会分野におけるさまざまなテーマについて調査、分析、政策提言をおこなっている。

アジア太平洋経済協力（APEC）
Asia Pacific Economic Cooperation

設立	1989年	日本加盟	1989年
加盟国			21か国・地域
会議場			その年の議長国となった国で開催

アジア太平洋地域の21か国・地域が加盟。この地域の成長と繁栄のために、「貿易や投資の自由化・円滑化」「経済・技術協力の推進」を図ることを目的とする。首脳会談や閣僚会議を定期的に開催。ビジネス界の代表から構成されるAPECビジネス諮問委員会が、ビジネス界の課題を首脳に提言するしくみも設けられている。

石油輸出国機構（OPEC）
Organization of the Petroleum Exporting Countries

設立	1960年
加盟国	12か国
事務局	ウィーン（オーストリア）

1960年、石油会社が産油国政府の同意がないまま原油価格を一方的に引き下げたことに対して、産油国各国が反発。石油の生産量・価格の決定権を自分たちが持つためにOPECを結成した。加盟国の石油政策の調整、石油価格の安定、石油生産国の着実な収入の確保、石油の消費国への安定的な供給に取り組んでいる。

世界経済フォーラム（WEF）
World Economic Forum

設立	1971年
位置づけ	非営利財団
本部	ジュネーヴ（スイス）

政治、経済、学問などのリーダーの交流を促進することで、さまざまな経済問題や社会問題の解決策を探っていくことをめざしている組織。毎年スイスのダボスでおこなわれるダボス会議では、多様な分野のリーダーが集まり、各種会合が開催される。世界の経済や貿易、男女平等の状況についての調査・報告も実施している。

▶▶▶ 開発途上国への支援 ❶

途上国に対して国際社会はどんなサポートをしている？

国連開発計画（UNDP） 国連貿易開発会議（UNCTAD） 開発援助委員会（DAC） ほか

途上国の支援は国際社会の責任

ある国が経済的に豊かであるかどうかを知るための指標の一つに、1人あたりGNI（国民総所得）があります。これはその国に住んでいる人たちが、労働などによって1年間に得た所得の総額を人口で割ったものです。各国の1人あたりGNIをみると、経済的に豊かな国と貧しい国とでは、100倍以上の開きがあります。こうした先進国と開発途上国とのあいだの経済格差は、大きな問題です。

開発途上国の多くは、長いあいだイギリスやフランスといった国々に植民地として支配されてきた歴史があります。植民地支配されているときには、自分たちで経済のあり方を考え、産業を興すことは許されませんでした。これらの国が経済的に自立できないのは、その国だけの責任ではありません。国際社会全体で、その国が貧しさから抜け出せるよう支援していくことが求められます。

ODAで途上国の発展をサポート

国連では1949年、途上国への技術支援や、国連のもとで、産業の育成を支援する機関として従来からあった拡大技術援助計画と途上国の発展のために必要となる資金を融資する機関の国連特別基金が1966年に統合され、「**国連開発計画（UNDP）**」が設立されました。

また1964年に発足したのが、「**国連貿易開発会議（UNCTAD）**」でした。これは途上国が貧困から抜け出すためには、貿易や投資が大切だという考えのもとに設置されたものです。UNCTAD第1回総会で発表されたプレビッシュ報告では、途上国が貿易をおこなう際に直面する困難を減らすために、「途上国の工業品輸出については、関税を引き下げること」といった提案がおこなわれました。

また94ページで解説した「経済協力開発機構（OECD）」も、活動目的の一つに「開発途上国支援」を掲げています。OECDの中には「**開発援助委員会（DAC）**」という下部組織があり、ここが途上国支援を担当しています。

このDACの大きな役割の一つに、「政府開発援助（ODA）」の調整があります。ODAとは、先進国各国が途上国の経済発展や福祉の向上のために、ある国に対して資金の提供や貸付をしたり、「国連児童基金（UNICEF）」（◀76ページ）などの国際機関に出資をしたりするものです。DACでは各国のODAが効果のある支援になっているかどうかを評価し、各国政府に提言などもおこなっています。

日本も途上国に対して、ODAを実施しています。このとき日本政府が作成した方針に沿って、実際に支援を実施しているのは「**国際協力機構（JICA）**」という組織です。JICAで

経済格差が広がっている（2022年）

1人当たりGNIが高い国	1人当たりGNI（米ドル）	1人当たりGNIが低い国	1人当たりGNI（米ドル）
ノルウェー	109082	ブルンジ	314
スイス	91745	イエメン	326
ルクセンブルク	84804	アフガニスタン	349
カタール	84568	シエラレオネ	401
アメリカ	77087	南スーダン	410

※人口10万人に満たない国・地域と属領を除く
※国連統計局のデータをもとに作成

は資金面での支援に加えて、農業や医療などの専門家を途上国に派遣して現地の人に必要な知識や技術を伝える「技術協力」や、国際協力の志を持った人がボランティアとして現地に派遣され、さまざまな支援活動に取り組む「JICA海外協力隊」なども実施しています。

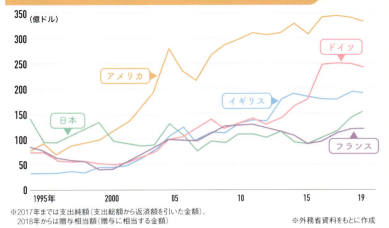

1990年代にはODAの実績額が世界1位だった日本

※2017年までは支出純額（支出総額から返済額を引いた金額）、2018年からは贈与相当額（贈与に相当する金額）
※外務省資料をもとに作成

日本のODAは1960年代以降本格化。1989年と1991年〜2000年にかけては、長年1位だったアメリカを抜いて、日本が世界最大の援助国となった。しかし、2000年代以降は日本国内の財政が悪化したため、支出額はほぼ横ばいが続いている。

国連開発計画（UNDP）
United Nations Development Programme

設立	1966年
日本参加	1966年
本部	ニューヨーク（アメリカ）

開発途上国が自国の開発目標を達成するための支援をおこなう機関として設立された。当初は経済や産業に関する支援が中心だったが、やがて「各国の発展の度合いは経済だけでなく、保健や教育も指標とするべきだ」とする人間開発の考え方を採用。現在では貧困の根絶、環境保全、男女平等の実現など幅広い課題に取り組んでいる。

国連貿易開発会議（UNCTAD）
United Nations Conference on Trade and Development

設立	1964年	日本加盟	1964年
加盟国			195か国・地域
本部			ジュネーヴ（スイス）

世界経済の中で、開発途上国がほかの国々と対等な立場に立てるようにすることをめざしており、そのために途上国が貿易や投資をおこなえる機会を増やすことに取り組んでいる。途上国支援に関する各国代表を集めた総会の開催や、途上国の人びととの貿易や投資に対する能力を高めるための支援プロジェクトなどを展開している。

開発援助委員会（DAC）
Development Assistance Committee

設立	1960年	日本加盟	1960年
位置づけ			OECDの下部組織
加盟国			31か国+EU

1960年に設立。翌年、経済開発協力機構（OECD）が設立されると、その下部組織となった。OECDに加盟している38か国のうち、31か国とEUを加えたメンバーで構成される。先進国各国の政府開発援助（ODA）の実施状況に関する調査・発表、途上国の現状を踏まえたうえでのODAのあり方に関する提案などをおこなっている。

国際協力機構（JICA）
Japan International Cooperation Agency

設立	1974年
位置づけ	日本の外務省が所管する独立行政法人
本部	東京（日本）

開発途上国の経済や社会の発展に貢献することを目的とした日本の組織。日本政府の政府開発援助（ODA）の方針に沿って、途上国に無償資金協力（返す必要がない資金協力）や有償資金協力（低金利での資金の貸付）をおこなうほか、各国が抱えている課題を解決するための技術協力や、災害時の国際緊急援助等に取り組んでいる。

▶▶▶ 開発途上国への支援❷

途上国の経済発展をめざし世界銀行が支援している

`国際復興開発銀行(IBRD)` `国際開発協会(IDA)` `国際金融公社(IFC)`

日本もかつて支援を受けた

87ページでも述べたように、国際社会では第二次世界大戦後、戦争で傷ついた国々にお金を貸すことで経済復興を支援することを目的に、「**国際復興開発銀行(IBRD)**」が設立されました。特に国土が戦場になったヨーロッパ諸国の立て直しに力が注がれました。

ヨーロッパ諸国では戦後しばらく経つと、IBRDの協力もあって、復興が目に見えて進み始めました。そこでIBRDではその後は、開発途上国が貧困から抜け出すための支援をおこなうことを、最大の目的に定めました。

IBRDの特徴は、長期で融資をおこなっていることです。お金を借りた国は、すぐに返済する必要がないため、長期計画のもとに、借りたお金を元手に国の発展に取り組むことができます。じつは先進国に仲間入りする前の日本も、IBRDから融資を受け、そのお金を東海道新幹線の建設などにあてました。

ただし途上国の中でも、さらに経済的に厳しい状況にある場合、IBRDから融資を受けるのが難しいケースもあります。IBRDが設定している返済期間や金利（借りたお金に対して支払う利息の割合のこと）では、お金を返済できる能力がないためです。

そこで1960年に設立されたのが、「**国際開発協会(IDA)**」でした。IDAでは世界の中でも特に貧しく、IBRDが融資対象にすることができない国を対象に、30～40年もの長期間・低利子での融資を実施しています。IDAが融資にあてる資金は、加盟国から出資してもらうことなどによってまかなっています。

世界銀行グループとは!?

このIBRDとIDAの二つを合わせて、「世界銀行」といいます。世界全体の貧困の削減を

世界に4つある地域開発金融機関

欧州復興開発銀行（EBRD）
旧社会主義国である中東欧諸国の、市場経済体制への移行や、民間企業の支援を目的に1991年に発足した。投資や融資（活動資金を提供すること）、技術支援等を中心に活動をおこなっている。

米州開発銀行（IDB）
中南米・カリブ地域の経済・社会発展をめざし1959年に発足。IDBの活動を補う米州投資公社（IIC）と技術協力や中小企業育成等をおこなう多数国間投資基金（MIF）と合わせて、米州開発銀行グループと呼ぶ。

アフリカ開発銀行（AfDB）
アフリカ諸国の経済発展を目的に、1964年に設立。中所得国と民間企業の成長をめざした融資をおこない、最貧国を重点的に支援するアフリカ開発基金（AfDF）とあわせ、アフリカ開発銀行グループと呼ぶ。

アジア開発銀行（ADB）
アジア太平洋地域の途上国の貧困の削減と、人びとの生活の向上をめざし1966年に発足。途上国政府への融資が中心だが、民間企業への融資や出資もおこなう。日本は最大の出資国の一つとして、その運営を支える。

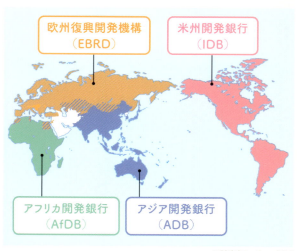

※財務省ホームページより

めざしている点で、まさに世界銀行と呼ばれるにふさわしい使命を担っています。

さらにこれに「**国際金融公社(IFC)**」と「多数国間投資保証機関（MIGA）」、「投資紛争解決国際センター（ICSID）」を加えて、「世界銀行グループ」という言い方をする場合もあります。IFCは途上国の民間企業への投資や融資を通じて、経済成長の支援をしている機関です。またMIGAは、外国の企業が安心して途上国に投資ができるように、何かトラブル（戦争で投資していた事業が中断するなど）が起きたときに、企業に対して損失を補う役割を果たす機関です。そしてICSIDは、投資をめぐって当事者間で紛争が起きたときに、その解決に取り組んでいます。

この世界銀行以外にも、世界の地域ごとに担当を分担して、途上国への融資などをおこなっている地域開発金融機関という機関もあります。「アジア開発銀行（ADB）」、「アフリカ開発銀行（AfDB）」、「米州開発銀行（IDB）」、「欧州復興開発銀行（EBRD）」の四つです。このうちADBが担当しているアジアは、経済的に豊かな国と貧しい国の差がはげしいのが特徴です。ADBでは、各国の平等な経済成長の実現をめざして、支援を続けています。

ワシントンD.C.にある世界銀行の本部
途上国の発展のため資金の提供などをおこなう国際機関。本部のほかにも世界141か所に事務所があり、1万人以上のさまざまな国籍の職員が働いている。

国際復興開発銀行(IBRD)
International Bank for Reconstruction and Development

設立	1946年	日本加盟	1952年
加盟国			189か国
本部			ワシントンD.C.(アメリカ)

第二次世界大戦によって、経済や産業が弱体化した国々にお金を貸し、経済復興を支援するための機関として発足。戦争からの復興が進んだあとは、開発途上国の経済成長を支援するための融資が中心となる。IBRDに加盟している途上国の政府や政府が関わるプロジェクトなどに対して、15～20年程度の長期の融資をおこなっている。

国際開発協会(IDA)
International Development Association

設立	1960年	日本加盟	1960年
加盟国			174か国
本部			ワシントンD.C.(アメリカ)

途上国の中でも、特に経済的に貧しい国への支援をおこなっている。長期間・低金利での融資を特徴としており、無利子での融資や贈与（返済がいらない資金提供のこと）も実施している。支援によって少しでも多くの国がIDAの支援対象から卒業することをめざしており、現在までに卒業国は40か国近くにのぼる。

国際金融公社(IFC)
International Finance Corporation

設立	1956年	日本加盟	1956年
加盟国			186か国
本部			ワシントンD.C.(アメリカ)

企業が成長すれば、その国の国際競争力が高まるとともに、多くの人が仕事に就ける雇用環境も整備されるという考えのもと、開発途上国の民間企業への投資・融資をおこなっている機関。経済成長だけでなく、貧困問題や環境問題などの社会的な解決もめざしている。投資・融資先は、農業、製造業、サービス業など幅広い。

国際社会のはてな？
中国「一帯一路」の目的とは？

中国の「一帯一路」構想は経済発展が遅れている国を豊かにする可能性がある一方で、関係国と摩擦も生じている。

道路や港の整備をサポート

　中国は、かつては農業を産業の中心としていた貧しい国の一つでした。ところがこの40年あまりのあいだに、右肩上がりの経済成長をとげ、今ではアメリカに次ぐ経済大国となっています。その中国がさらなる経済成長を図るために、2013年より取り組んでいるのが、「一帯一路」という構想です。

　これは地図のように、中国からヨーロッパまでのルートを「一帯」（陸からの道）と「一路」（海からの道）でつなぐというもの。このルートにあたる地域には、まだ経済が十分に発展していない国が多くあります。そこで中国がこうした国々に経済支援をおこなうことで、道路や鉄道、港などの整備をサポートします。道路や鉄道、港は、貿易をおこなったり、産業を発展させたりするうえでの土台となる重要な施設・設備だからです。

　経済支援を受けた国々は、当然中国との結びつきが強くなります。商品やサービスを購入するときの相手国も、中国が中心になることが期待できます。すると中国の経済もうるおうというわけです。また中国は、一帯一路によってヨーロッパへの輸送ルートを整備することで、ヨーロッパの国々との貿易をのばしたいというねらいもあります。

　中国は一帯一路構想にあわせて、2015年にはアジアインフラ投資銀行（AIIB）を設立しました。これは「一帯一路」のルートにあたる国々が、道路や港などを整備するときに必要となる資金を融資する銀行です。

中国にお金を返せなくなった国

　中国が一帯一路構想を打ち出したとき、経済発展が遅れている国々は、中国の支援に期待しました。しかしやがて、よいことばかりではないことが明らかになってきました。

　たとえばスリランカは、中国からの融資で大規模な港を建設しましたが、貧しい国であったために借りたお金を返せなくなってしまいました。すると中国の国有企業が、99年間にわたってその港の運営権を取得しました。スリランカとしては、自国を豊かにするために港を建設したのに、結局中国に港を取られてしまったわけです。こうしたやり方で、中国が運営権や利用権を手に入れた港はスリランカ以外にもあります。

　そのため近年では、中国の一帯一路構想に警戒感を抱く国も増えています。

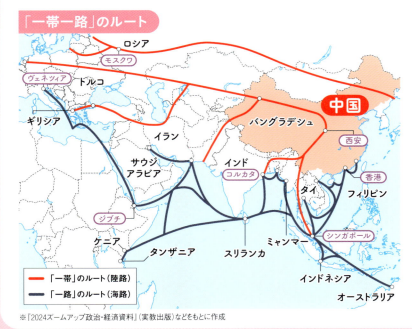

「一帯一路」のルート

※『2024ズームアップ政治・経済資料』（実教出版）などをもとに作成

第7章
NGO・企業・仮想空間

国の枠組みをこえたNGOや多国籍企業は、国際社会の中でどのような活動をしているんだろう?

本書ではここまで、世界の平和や環境問題、人権問題などを解決するために、各国が協力して設立したさまざまな国際機構や、定められた条約について解説してきました。ただし国際社会の課題解決に取り組んでいるのは、国家だけではありません。たとえば一般の市民がNGO（非政府組織）と呼ばれる組織を結成して、世界各地で起きている紛争や災害の現場で人びとを支援したり、環境保護に取り組んだりしています。

また近年は企業も、環境や人権に配慮した経営が求められるようになっています。NGOや企業が国連をはじめとした国際機構と協力しながら、社会課題の解決に取り組むケースも増えています。

第7章では、そうしたNGOや企業の活動の現状について見ていくことにしましょう。

▶▶▶ 一般市民が中心メンバー

非政府組織である NGOが世界で活躍!

| 国境なき医師団(MSF) | 世界自然保護基金(WWF) | アムネスティ・インターナショナル | ほか

一般の市民を中心とした団体

テレビのニュース番組や新聞などで、「国境なき医師団」という言葉を見聞きしたことがある人は多いと思います。国境なき医師団とは、戦争や災害などが原因で、病気やケガに苦しんでいる人たちが多く暮らしている地域に、医師や看護師を派遣して医療支援をおこなっている団体です。

国境なき医師団のような団体は、「NGO」と呼ばれています。NGOは「Non-Governmental Organization」の略で、日本語では「非政府組織」と訳します。名前のとおり政府ではなく、一般の市民が中心メンバーになっている団体のことです。国境なき医師団のように医療支援をおこなっているNGOもあれば、環境保護や人権擁護、貧困撲滅、教育支援、平和構築などに取り組んでいるNGOもあります。NGOは、世界で起きている問題に関心を持ち、その解決に携わりたいと考えている人たちの集まりといえます。

NGOという言葉は、1945年に定められた「国連憲章」(◀21ページ)の中で初めて使われました。ただしNGOに該当する活動をおこなっていた団体は、その前から存在していました。たとえばセーブ・ザ・チルドレンはその一つです。子どもの権利の実現をめざす組織として、1919年に設立されました。

NGOの活躍で条約ができた

国連では発足当初から、NGOのことを世界の平和や安定を実現するうえで欠かせないパートナーとして見てきました。そして時代を経るにつれて、国連とNGOの結びつきはますます強くなっていきました。

国連の経済社会理事会では、一定の基準を満たしているNGOについては、オブザーバーとして会議に参加できる制度となっています。オブザーバーというのは、会議の場での提案権や議決権はありませんが、自分たちの意見を表明できる権利は認められているというものです。人権問題にしても保健衛生の問題にしても、NGOのメンバーは日ごろから問題が起きている現場に入りこんで活動をしています。だから彼らの意見は非常に貴重なのです。近年では国連総会など、経済社会理事会以外の会議にもNGOがオブザーバー参加する機会が増えています。

国連の各機関が現場で活動するときにも、NGOとの連携が欠かせません。たとえば72ページで紹介した「国連難民高等弁務官事務所(UNHCR)」は、NGOと一緒に難民支援のためのプログラムをつくり、実施しています。

NGOの活動が、条約の誕生につながった例もあります。1997年に採択された「対人地雷全面禁止条約」(◀42ページ)は、その一例です。このときには地雷問題に取り組む複数のNGOが集まり、「地

ぼくたちもNGOの活動に対して募金や寄付のようなかたちで協力することもできるよ

雷禁止国際キャンペーン(ICBL)」という組織をつくりました。そしてICBLは各国政府に対して、地雷の製造や使用をやめるよう働きかけました。その結果、多くの国が賛同し、条約が実現したのです。

同様に2017年に採択、2021年に発効となった「核兵器禁止条約」（◀46ページ）も、核兵器や平和の問題などに取り組む団体が集まって、「核兵器廃絶国際キャンペーン(ICAN)」を結成。ICANが核兵器をなくすことの大切さをさまざまな場で訴え続けたことにより、国連でもこの問題が議論されることとなり、ついに採択にいたりました。ICBLもICANも、その活動が高く評価され、ノーベル平和賞を受賞しています。

国際社会というと、各国の政治家や公務員、国連の職員など、「一部の人たちが動かしているもの」というイメージがあるかもしれません。しかしNGOに参加しているような市民にも、国際社会の問題に関わる権利があたえられており、実際によりよい方向に向けて世界を変えていく力があるのです。このページと次からのページで国際的な活動をしている代表的なNGOを紹介します。

国境なき医師団(MSF)
Médecins Sans Frontières

設立	1971年
活動分野	医療支援

戦争や自然災害、貧困などによって、多くの人が命の危機にさらされている地域に医師や看護師などを派遣。無料で医療支援を展開している。1971年に、戦地で医療支援をおこなった経験のある医師などによって設立された。そこに救援を必要とする人がいるならば、どんな困難を乗りこえてでも現地に赴くという方針を特徴とする。

治療を受けるスーダン人の少女（2023年）
スーダンの戦闘から逃れてきた難民が集まるチャドの病院では国境なき医師団が活動し、栄養失調やケガに苦しむ人びとの治療をおこなっている。

世界自然保護基金(WWF)
World Wide Fund for Nature

設立	1961年
活動分野	環境保護、生物多様性保全

人と自然が調和して生きられる未来を築くことをめざす環境保全団体。「地球温暖化を防ぐ」「持続可能（サステナブル）な社会を創る」「野生生物を守る」「森や海を守る」の四つを活動の柱にしている。野生生物の保護では、人間による生物の乱獲や密輸を防ぐための調査やパトロール活動の支援などに取り組んでいる。

アムネスティ・インターナショナル
Amnesty International

設立	1961年
活動分野	人権保護

肌の色や宗教、国籍、性別など、さまざまな理由で差別や暴力に苦しむ人が数多くいる中で、彼らの自由と尊厳が守られる社会の実現をめざしている。世界各地に調査団を送り、被害者から直接話を聞くなどして人権侵害の状況を調査。国連や各国政府に対して解決策の提案をおこなっている。死刑廃止の問題にも取り組む。

ヒューマン・ライツ・ウォッチ（HRW）
Human Rights Watch

- 設立 ： 1978年
- 活動分野 ： 人権保護

弁護士やジャーナリスト、人権問題の専門家などが、世界で起きている人権侵害を調査。調査結果をマスコミやソーシャルメディアなどを活用しながら発信するとともに、各国の政府や有力者などに対して問題解決のための提案をおこなう。被害者の援助だけでなく、人権に関する国の政策や制度を変えることをめざしている。

セーブ・ザ・チルドレン
Save the Children

- 設立 ： 1919年
- 活動分野 ： 子どもの権利支援

生きる・育つ・守られる・参加するという「子どもの権利」が、すべての子どもたちのあいだで実現されている世界をめざす。子どもたちの教育環境や保健・栄養状態の改善、貧困問題の解決などに取り組んでいる。創設者のジェブは、今の子どもの権利条約につながる「ジュネーヴ子どもの権利宣言」を提案した人物として知られる。

ウォーターエイド
WaterAid

- 設立 ： 1981年
- 活動分野 ： 安全な水と衛生設備の提供

貧困地域を中心に、世界には安全な水や適切なトイレを利用できない人が数多くいる中で、「すべての人がすべての場所で、清潔な水と衛生設備を利用し、衛生習慣を実践できる世界」の実現をめざしている団体。安全な水の確保や衛生環境が整っていない原因を分析し、地元の住民や自治体、政府と協力しながら課題解決に取り組む。

タンザニアの村に蛇口が開通
ウォーターエイドの資金協力で、タンザニアの村チゴングウェに初めて蛇口が開通したときの様子（2008年）

ハビタット・フォー・ヒューマニティ
Habitat for humanity

- 設立 ： 1976年
- 活動分野 ： 住宅支援

「だれもがきちんとした場所で暮らせる世界」を実現するために、住宅支援をおこなっている団体。世界には住む家がなかったり、住む家はあるが衛生環境がひどかったりなど、安心して暮らせる住まいがない人が8人に1人の割合でいるといわれる中で、無利子でお金を貸すなど、家を持てる環境を築くための支援を実施している。

気候行動ネットワーク（CAN）
Climate Action Network

- 設立 ： 1989年
- 活動分野 ： 地球温暖化防止

気候変動（地球温暖化）問題に取り組んでいる世界各国のNGOより構成されている環境NGOのネットワーク組織。NGO間で地球温暖化に関する情報や対策強化のための計画を共有し、各国政府に有効な対策を打つように働きかけている。気候変動枠組条約締約国会議（COP）にもオブザーバーとして参加、意見を表明している。

地雷禁止国際キャンペーン（ICBL）
International Campaign to Ban Landmines

設立	1992年
活動分野	対人地雷の廃絶

対人地雷をなくすことを目的に、複数のNGOが集まって結成されたNGOの集合体。団体が結成された1990年代初頭は、地上や地中に設置された対人地雷によって毎年2万人以上の被害者が出ていた。そうした中でICBLが各国政府に強く働きかけたことで、対人地雷禁止条約の制定を実現。1997年にはノーベル平和賞を受賞した。

ノーベル平和賞授賞式（1997年）
ICBLの創始者のジョディ・ウィリアムズ氏（左）と、地雷で両足を失いながらも地雷廃絶を訴え続けたカンボジア人のチャンネレス氏（右）が出席した。

ケア・インターナショナル
CARE International

設立	1945年
活動分野	貧困撲滅、女性支援

第二次世界大戦後、戦争で被害を受けた人たちに救援物資を送る活動からスタート。現在は経済的に貧しい国で暮らす人たちの支援、特に女性（少女も含む）の経済的自立や社会的立場の向上に関する支援に力を注いでいる。また貧困地域で自然災害などが起きた際に、現地に支援金を届ける活動にも取り組んでいる。

核兵器廃絶国際キャンペーン（ICAN）
International Campaign to Abolish Nuclear Weapons

設立	2007年
活動分野	核兵器の廃絶

核兵器がない世界を実現するために、複数のNGOによって結成されたNGOの集合体。2010年に赤十字国際委員会が「核兵器は非人道的な兵器である」とする声明を出して以来活動が活発になり、ICANに集うNGOが各国政府に働きかけたことにより2017年、核兵器禁止条約調印に結びついた。この年ICANはノーベル平和賞を受賞。

日本原水爆被害者団体協議会（日本被団協）
Japan Confederation of A- and H-Bomb Sufferers Organizations

設立	1956年
活動分野	核兵器の廃絶、被爆者の救済

1945年に広島と長崎における原爆投下の被害を受けた、被爆者らを中心とした全国組織。核兵器の廃絶のため被爆者が自らの体験を語ってその恐ろしさを伝えたり、国際会議や国連の場で核兵器廃絶の条約成立を目指した活動をおこなったりしている。また、日本政府に対しては原爆被害への国家補償を訴えている。2024年にノーベル平和賞を受賞。

日本被団協の田中熙巳代表委員
2024年、ノーベル平和賞を受賞した被団協の記者会見で喜びを語る田中代表委員。自らも被爆の経験を持つ田中氏は、長年にわたり「核兵器のない世界」を訴えてきた。

▶▶▶ 国連が企業に求めていること

企業の社会的責任が高まってきている理由とは？

アルゼンチンと同じ規模の企業

　本社がある国だけでなく、いろいろな国で事業をおこなっている企業のことを多国籍企業といいます。近年、国際社会における多国籍企業の存在感が非常に高まってきています。その理由は、巨大な規模を持つ企業が増えているからです。

　たとえば2023年、世界の企業の中でもっとも売上高が高かったのは、小売業を展開しているウォルマート（本社・アメリカ）で、約6400億ドルでした。これはアルゼンチンのGDP（国内総生産）に匹敵する数値です。GDPとは、その国で1年間に新たに生産されたモノやサービスをお金で計算したときの総額のことをいいます。2023年のアルゼンチンのGDPの額は、世界の国々の中で23位でしたから、決して低くはありません。つまりウォルマートは、世界の多くの国々の経済規模を大きくこえるような、巨大な規模を持つ企業であるわけです。

　多国籍企業の巨大化が進んでいる要因の一つとしては、関税の引き下げや撤廃などの自由貿易化が進んだことで、企業が国境をこえてビジネスをやりやすい環境が整ったことがあげられます。

人権や環境に配慮した企業に

　ところで、国家の経済規模をこえるような巨大多国籍企業が、もし人権や環境を軽視するような行動をとったとしたら、国際社会にあたえる影響は深刻なものとなります。これまで国連では、加盟国に対して人権や環境を守らせることに力を注いできました。しかし今は企業も、無視できない存在になっています。

　そこで1999年に当時のアナン国連事務総長が提案したのが、「国連グローバル・コンパクト（UNGC）」という取り組みでした。これは企業や民間の団体に対して、「人権」「労働」「環境」「腐敗防止」の4分野において、10の原則に従って行動することを呼びかけたものです（右図参照）。この4分野10原則の考え方に賛同した企業や民間団体は、自主的に取り組みへの参加を表明。すると審査を経たうえで、UNGCへの加盟が認められることになります。

　加盟後は、年に1回自分たちの状況を国連に報告することが義務づけられ、もし取り組みが不十分であると判断された場合は、加盟から外されます。つまりUNGCに加盟していることは、「人権や労働者の権利、環境に配慮している企業や団体であること」の証明になるわけです。現在160か国以上の国から2万以上の企業・団体が参加しています。UNGCに加盟している企業が国連の組織と連携し、活動をおこなっている例もあります。

　たとえば、ユニクロ（ファーストリテイリング／本社・日本）は、国連難民高等弁務官事務所（UNHCR／◀72ページ）と連携し、難民への衣料支援をおこなっていますし、マイクロソフト（本社・アメリカ）は国連児童基金（UNICEF／◀76ページ）とともに、貧困、差別、紛争、災害などが原因で十分な教育が受けられない

国連グローバル・コンパクト（UNGC）

国連が企業や民間組織に対して重要な課題として呼びかけた、「人権」「労働」「環境」「腐敗防止」の4分野に関する10の原則。

人権		労働	
原則1	企業は、国際的に宣言されている人権の保護を支持、尊重し、	原則3	企業は、結社の自由と団体交渉の実効的な承認を支持し、
原則2	自らが人権侵害に加担しないよう確保すべきである	原則4	あらゆる形態の強制労働の撤廃を支持し、
環境		原則5	児童労働の実効的な廃止を支持し、
原則7	企業は、環境上の課題に対する予防原則的アプローチを支持し、	原則6	雇用と職業における差別の撤廃を支持すべきである
原則8	環境に関するより大きな責任を率先して引き受け、	**腐敗防止**	
原則9	環境にやさしい技術の開発と普及を奨励すべきである	原則10	企業は、強要と贈収賄を含むあらゆる形態の腐敗の防止に取り組むべきである

※ウェブサイト「グローバル・コンパクト・ネットワーク・ジャパン」などを参照

子どもたちに、デジタル教育による学習支援をおこなっています。また、UNGCの支援団体として有名なのが、ノルウェーを拠点としている非営利団体「Business for Peace（B4P）」です。B4Pは毎年、社会に利益をもたらした優れたビジネスリーダーを選出して表彰しています。

ESGを重視した投資

国連は2006年には、国連責任投資原則（PRI）という考え方を提案しました。これは企業の株などを売買して利益を得る仕事をしている機関投資家（銀行や保険会社など、大量の資金を使って投資をしている機関のこと）に対して、「ESG」の視点を取り入れた投資をおこなうように呼びかけたものです。

ESGとは、Environment（環境）、Social（社会）、Governance（企業統治）の頭文字を取ったものです。つまり国連は機関投資家に対して、環境（地球温暖化対策など）や社会（働きやすい社会の実現など）に配慮しており、企業統治（不正が起きないように会社の運営を正しくおこなうしくみ）が確立されている企業に投資をするように求めたわけです。

機関投資家がESG投資をおこなうようになれば、企業も機関投資家から投資をしてもらうために、ESGを重視せざるを得なくなります。するとその結果、ESGを実践している企業が増えることになり、社会全体がよりよい方向に向かうわけです。

現在、世界中の多くの機関投資家が、国連のPRIの考え方に賛同し、ESG重視の投資に取り組むようになっています。そして企業もまた、社会的責任を果たすために、ESGを重視した経営に積極的に取り組むようになっています。

ESGの3要素

環境 Environment
・温室効果ガスの排出量を減らす
・産業廃棄物や公害をなくす
・再生可能エネルギーの利用
・水資源、森林、生物多様性の保護
など

社会 Social
・労働条件の適正化
・従業員の人権や多様性（ダイバーシティ）の尊重
・安全・衛生的な職場環境の整備
など

企業統治 Governance
・取締役会の多様性と構成の適正化
・贈収賄や汚職の撤廃
・コンプライアンスの遵守
など

ESGとは長期的な成長をめざすうえで重要なEnvironment（環境）、Social（社会）、Governance（企業統治）という3つの観点のこと。国連は投資家に、ESGを取り入れた企業に投資するよう求めている。
※内閣府ホームページなどを参照

▶▶▶ 技術の発達で広がる世界

国の枠をこえた仮想通貨やバーチャル空間が登場！

お金の流れを管理できなくなる

　オリンピックの開会式は、国ごとに選手の行進がおこなわれます。国連への加盟も国単位でおこなわれており、国連会議には各国の代表が出席して議論をします。このように国際社会は長いあいだ、「国」を一つの単位として動いてきました。しかし今、「国」という単位では捉えきれない新しい空間が誕生しています。その一例が仮想通貨（暗号資産ともいう）や、メタバースなどのバーチャル空間です。

　まず仮想通貨から見ていきましょう。これまで通貨は、日本なら円、アメリカならドル、EUならユーロというように、国単位（EUの場合は地域単位）で発行されてきました。日本で使える通貨は基本的には円であり、海外から日本に来た人がまずやるのは、空港の両替所などで自国のお金を円に替えることです。この通貨を発行しているのは、各国の中央銀行（日本の場合は日本銀行）です。

　しかし仮想通貨はちがいます。まず通貨を発行するのは中央銀行ではなく、インターネット上のシステムです。送金や取引のやりとりもインターネットでおこなわれるので、仮想通貨には紙幣や硬貨はありません。取引情報などの管理には、ブロックチェーンという暗号技術が使われます。

　仮想通貨が便利なのは、特に海外の知人などに送金をするときです。多くの場合、銀行を利用するよりも、手数料が安く済み、速く送れます。また銀行には営業時間がありますが、仮想通貨は24時間365日利用可能です。

　インターネット上のシステムによって管理されている仮想通貨は、円やドルとはちがって、国境をこえて、いつでもどこにいても同じように使えます。また各国の中央銀行のルールに縛られることもありません。だからこうした便利な使い方ができるのです。

　この仮想通貨に対しては、多くの国が警戒心を抱いています。仮想通貨を使う人が増えれば増えるほど、国がお金の流れを管理できなくなってしまうからです。

　たとえば国の景気が悪いとき、中央銀行で

法定通貨と仮想通貨のちがい

	法定通貨	仮想通貨
発行主体	中央銀行、政府	存在しない
実体	紙幣や硬貨	なし
発行量	上限なし	上限あり
信用	国の経済状況や政策が価値を裏付ける	ブロックチェーンの技術が信用性と安全性を担保
価値	通貨の価値は物価に連動して決まる	需要と供給によって、価値が変わる

※『2024ズームアップ政治・経済資料』（実教出版）をもとに作成

仮想通貨は普通の通貨と比べると価値が変動しやすいんだよね

仮想通貨は、政府や中央銀行による価値の保障がないので、価格が変動しやすい。そのため、安いときに買って高いときに売るという投機の対象となりやすい。

108

は金利の引き下げをおこないます。すると企業や個人はお金を借りやすくなり、手にしたお金でモノやサービスを購入するようになるため、景気の回復が期待できるわけです。逆に景気が過熱しすぎたときには、金利の引き上げをおこないます。しかし中央銀行が発行する通貨よりも、仮想通貨のほうが主流になれば、中央銀行は金利を活用して景気を調整する力が弱まります。国はこうしたことを問題視しているのです。

メタバースで世界中の人と交流できる
メタバースでは、自分のアバターをつくって自由に移動したり、洋服やアイテムを購入したり、さまざまな国の人とコミュニケーションをとったりすることができる。

法律の整備が大きな課題に

次にメタバースなどのバーチャル空間について見ていきましょう。バーチャル空間とは、インターネットの中につくられた仮想の世界のことです。この世界では、自分の分身（アバター）などを使いながら、いろいろな人と交流をしたり、買い物やイベントを楽しんだりすることができます。バーチャル空間の世界にも、国境はありません。現実世界では日本で暮らしている人とアメリカで暮らしている人が、バーチャル空間では、同じイベント会場で一緒に行動するようなことができます。

バーチャル空間は、とても楽しそうな空間ではありますが、法律面での整備が遅れているという課題があります。たとえばだれかが問題のある行動をおこなったとき、現実世界であればその国の法律に則って対処することができます。しかしバーチャル空間はどこの国にも属していませんから、法律の適用の仕方がとても難しいのです。しかし法整備をしないことには、せっかくの楽しいはずの空間が、危険に満ちた空間になってしまいます。

仮想通貨やバーチャル空間といった「国」という枠組みをこえた存在に対して、どのように対応していくか、安心して利用できる環境をどう整えるか、知恵や工夫を働かせることが、今国際社会に求められています。

ピックアップ ソフトパワーも国きこえて広がっている

日本のアニメやマンガが好きなのは、日本人だけではありません。世界中にファンがいます。韓国のK-POPもそうです。このようにその国の文化の力で、ほかの国の人びとの心を動かす力のことをソフトパワーといいます。

少し昔までは、日本のアニメや韓国のK-POPに世界中の人が夢中になるなんて考えられないことでした。これが可能になったのは、インターネットやSNSの発達が大きいと考えられます。世界中の人がすぐに同じ情報を共有し、外国の文化や作品に気軽に触れられるようになったことが、国境をこえて、多くの人に愛されるソフトパワーが増えている要因の一つといえます。

パリで開かれたジャパン エキスポ（2012年）
フランスのパリで毎年開催されている「ジャパン エキスポ」では、日本のアニメやマンガ、ゲーム、音楽などの文化が紹介され、多くのファンが訪れる。

おわりに

この本を読み終えた今、みなさんは国際社会の姿が、想像していたよりもずっと複雑で、なかなか理想どおりにはいかないものだと感じているかもしれません。

国際社会ではこれまで、国家間で起きている問題を解決するために、さまざまな国際機構や条約をつくってきました。しかし国際機構や条約ができたことで、世界から問題はなくなったかというと、そんなことはありません。例えば第3章では、平和な世界を実現するためにつくられた国際機構や条約について解説しましたが、実際にはウクライナやイスラエルのガザ地区などで、今も悲惨な戦争や紛争が続いています。また第4章では地球環境を守るための国際機構や条約を紹介しましたが、地球温暖化などは、解決への道のりが遠い状況が続いています。

国際社会が簡単には問題を解決できないのは、国によって、その問題に対する考え方や立場が異なるからです。例えば国際機構の場で地球温暖化問題について話し合うとき、EUやイギリスは、「できるだけ早く温暖化対策を進めよう」と主張します。一方で中国やインドなどの急速に発展している国々は、「経済発展と温暖化対策を両立させる必要がある」と主張し、南太平洋などの島国は「このままでは温暖化で海面が上昇して、島が沈んでしまうので、もっと早く対策を」と訴えます。各国が自国のことをいちばんに考えて主張するため、だれもが納得する一致点を見つけるのは、とても大変な作業なのです。

また条約というかたちでルール化できたとしても、「この条約を守ると、自国の経済に悪影響が出る」と判断した国は、そもそも条約に参加しないことを選べます。

しかし、だからといって国際機構や条約に意味がないわけはありません。むしろ今世界が直面している問題は、戦争や紛争の防止、地球温暖化への対処、感染症対策など、一つの国だけでは解決できないものばかりです。各国が自国のことばかり考えて行動すれば、こうした問題の解決は遠のくばかりです。

ですから「立場や考え方がちがうから、国際機構での話し合いや条約には意味がない」と考えるのではなく、「立場や考え方がちがうからこそ、お互いに話し合い、各国が受け入れられる妥協点を探していくことが大切」と考えるべきだと思います。そうして見つけた解決策は、完璧ではないかもしれません。けれども、一歩一歩の積み重ねが、世界を少しでもよりよい方向に進めていくことにつながっていきます。

みなさんが社会に出て活躍するころには、国際社会の姿も大きく変わっていることでしょう。しかし各国が協力して問題を解決しようとすることの大切さ、国際機構や条約の重要性は、今後も変わらないはずです。

みなさんには、機会があるたびに本書を読み直し、「国際社会のしくみ」への理解を深めていただけると、とてもうれしいです。

本書の主な参考文献・ウェブサイト

《参考文献》

池上彰監修、井口正彦著『ニュースに出てくる国際組織じてん①国連組織』（彩流社）

池上彰監修、杉之原真子著『ニュースに出てくる国際組織じてん③経済共同体』（彩流社）

池上彰監修『ライブ!公共2024』（帝国書院）

祝田秀全監修、長谷川敦著『日本と世界の今がわかるさかのぼり現代史』（朝日新聞出版）

岩本誠吾、戸田五郎著『はてなの国際法』（晃洋書房）

遠藤研一郎監修『調べ学習に役立つ地球と平和を守る国際条約②環境』（汐文社）

遠藤研一郎監修『調べ学習に役立つ地球と平和を守る国際条約③人権』（汐文社）

加藤信行、植木俊哉、森川幸一、真山全、酒井啓亘、立松美也子編著『ビジュアルテキスト国際法第3版』（有斐閣）

鎌田靖監修、稲葉茂勝著『国連ファミリー・パーフェクトガイドしくみと役割』（新日本出版社）

小西雅子著『地球温暖化は解決できるのか パリ協定から未来へ!』（岩波ジュニア新書）

実教出版編集部『2024ズームアップ政治・経済資料』（実教出版）

東海大学教養学部国際学科編『第4版 国際学のすすめ グローバル時代を生きる人のために』（東海大学出版部）

坂東太郎著『「国際関係」の基本が〈イチから〉わかる本』（日本実業出版社）

増田ユリヤ監修、長谷川敦著『13歳から考える戦争入門 なぜ、戦争はなくならないのか?』（旬報社）

松本保美監修『理解しやすい政治・経済』（文英堂）

本野英一監修『理解しやすい政治・経済』（文英堂）

横田洋三監修、滝澤美佐子・富田麻理・望月康恵・吉村祥子編著『入門 国際機構』（法律文化社）

『アカデミア世界史』（浜松書店）

『公共ライブラリー 2024-25』（清水書院）

『最新図説 現社』（浜島書店）

『最新図説 政経』（浜島書店）

『データブック オブ・ザ・ワールド 2024』（二宮書店）

『なるほど知図帳 世界 ニュースがわかる世界地図24』（昭文社）

『今がわかる時代がわかる 世界地図 2024年版』（成美堂出版）

『Sustainable Development Report 2024』（持続可能な開発ソリューション・ネットワーク）

《参照したウェブサイト》

外務省／気象庁／公益財団法人日本ユニセフ協会／国際連合食糧農業機関(FAO)駐日連絡事務所

国際労働機関／国連広報センター／GLOBAL NOTE／The Asahi Shimbun SDGs ACTION／UNHCR駐日事務所

United Nations Treaty Collection／WORLD BANK GROUP

［監修者］**貴家勝宏**（さすがかつひろ）

東海大学国際学部教授。早稲田大学政治経済学部卒、ウォーリック大学国際政治学専攻博士課程修了、Ph.D（国際政治学）。
主要業績：Microregionalism and Governance in East Asia (Routledge)、Global Governance and Japan (共著、Routledge)、『日米中トライアングル―3カ国 協調への道』（共著、岩波書店）、『現代中国外交の六十年―変化と持続』（共著、慶応義塾大学出版会）、Modern Economic Development in Japan and China（共著、Palgrave Macmillan）、ほか多数。

［執筆協力］**長谷川 敦**（はせがわあつし）

1967年、広島県生まれ。編集プロダクション勤務を経て、フリーライターになる。歴史、時事、社会、ビジネス、教育などの分野の執筆が多い。著書に『人がつくった川・荒川――水害からいのちを守り、暮らしを豊かにする』『ようこそ！富士山測候所へ――日本のてっぺんで科学の最前線に挑む』（ともに旬報社）、『日本と世界の今がわかる さかのぼり現代史』『世界史と時事ニュースが同時にわかる 新地政学』（ともに祝田秀全監修／朝日新聞出版）がある。『人がつくった川・荒川』は第69回青少年読書感想文全国コンクール中学校の部課題図書に選ばれる。

［編集協力］**かみゆ歴史編集部**

「歴史はエンターテイメント！」をモットーに、雑誌・ウェブ媒体から専門書までの編集・制作を手がける歴史コンテンツメーカー。小・中学生向けの主な編集制作物に『ニュースとマンガで今、一番知りたい！日本の歴史』（朝日新聞出版）、『最強！戦国武将決定戦』『最強！日本の城』（ともにワン・パブリッシング）、『流れが見えてくる世界史図鑑』『流れが見えてくる宗教史図鑑』（ともにナツメ社）、『平安体験BOOK』（東京ニュース通信社）ほか。

［写真協力］
アフロ／shutterstock／PIXTA
※アフロのクレジットは下の囲みを参照

Abaca/ アフロ, AP/ アフロ, COP21/Alamy/ アフロ, Chester Zoo/SWNS/ アフロ, Mary Evans Picture Library/ アフロ, Olivia Arthur/Magnum Photos/ アフロ, TopFoto/ アフロ, YONHAP NEWS/ アフロ, ZUMA Press/ アフロ, ロイター/ アフロ, 代表撮影/AP/ アフロ, 代表撮影/ ロイター/ アフロ

国連SDGs公式サイト
https://www.un.org/sustainabledevelopment/

The content of this publication has not been approved by the United Nations and does not reflect the views of the United Nations or its officials or Member States.

条約・枠組み・国際ルールがわかる！
国際社会のしくみ事典

2025年2月14日　初版第1刷発行

監修者	貴家勝宏
執筆協力	長谷川敦
編集協力	かみゆ歴史編集部（滝沢弘康、荒木理沙、深草あかね、小林優）
ブックデザイン	滝澤彩佳（MIKAN-DESIGN）
イラスト	イラカアヅコ
図版	株式会社ウエイド
発行者	木内洋育
発行所	株式会社旬報社 〒162-0041 東京都新宿区早稲田鶴巻町544　中川ビル4F TEL 03-5579-8973　FAX 03-5579-8975 HP https://www.junposha.com/
印刷製本	中央精版印刷株式会社

© Katsuhiro Sasuga 2025, Printed in Japan
ISBN978-4-8451-1969-1　NDC319